世界一やさしい
不動産投資の
教科書1年生

浅井佐知子

ソーテック社

ご利用前に必ずお読みください

本書は不動産売買、投資の参考となる情報提供、技術解説を目的としています。不動産売買、投資の意思決定、最終判断はご自身の責任において行ってください。

本書に掲載した情報に基づいた投資結果に関しましては、著者および株式会社ソーテック社はいかなる場合においても責任は負わないものとします。

また、本書は2021年3月現在の情報をもとに作成しています。掲載されている情報につきましては、ご利用時には変更されている場合もありますので、あらかじめご了承ください。

以上の注意事項をご承諾いただいたうえで、本書をご利用願います。

※ 本文中で紹介している会社名、製品名は各メーカーが権利を有する商標登録または商標です。なお、本書では、©、®、TMマークは割愛しています。

Cover Design & Illustration...Yutaka Uetake

はじめに

不動産投資をはじめたいけれど何からはじめていいのかわからない。

どんな物件を購入したらいいのかわからない。

「大家さんが書いた本や不動産投資の本を何冊も読んだけれど、結局わからず行動できない」

そう思ったことがあるのなら、この本はあなたのものです。本書の目標はシンプルです。

「初心者が物件の選び方から購入、その後の資金管理まで、ひとりでできるようになる」

これだけです。そして1回読んで本棚から2度と出てこない一過性の本ではなく、不動産を購入するときはいつも側において辞書替わりにする、そして何度読んでも新しい気づきがある**「不動産投資のバイブル」**となるのが究極の目標です。

初心者の気持ちがわかっている本書は2つの特徴を持っています。

❶ わかりやすい言葉で本当に大切なことを伝える

世に出ている不動産投資の本を見てみると、本当の初心者のための教科書となる本、本当に不動産のことがわかって書いている本が驚くほど少ないということです。大家さんが書いている本はモチベーションが上がり読み物としては確かに面白いのですが、たまたま購入した時期が、不動産市場のよかった時期だったのかもしれません。時期によってはそのやり方を真似すると、利益にならないどころか大損してしまう可能性もあります。

本書では、専門用語はなるべく使わずに、**これだけ押さえれば大丈夫というものを徹底的に深掘りしています。基礎がしっかりしていれば、知識を広げることは容易です。**

② ステップを踏んで物件購入、購入後のことまでしっかりフォローしている

初心者でも読んだ瞬間から物件を探して購入できる方法を、ステップを踏みながら具体的にお伝えしています。**本を読んでも、結局何をどうすればいいかわからないもやもやした気持ちはもう終わりです。明確な基準と自信を持って実践できるようになります。**

また、最初の1物件を購入し、その後どうしたらいいのかわからないという問いにもしっかりとお答えしています。あなたの資産形成の指南役、それが本書です。不動産投資にとって1番大切なこと、それはいい不動産と巡り会うことではありません。リスクをかぎりなく小さくし、いい不動産の見方を教えてくれるメンター、そしてメンターとなり得る本と巡り会うことなのです。

最初の1歩は本書を連れて帰ることからはじまります。

浅井佐知子

目次

1時限目 不動産投資って本当に儲かるの？

2時限目 不動産のコストにはどんなものがあるの？

3時限目 不動産投資で成功するための3つのシンプルステップ

4時限目 失敗しない物件選びのための3つのステップ

5時限目 気に入った物件が見つかったら、契約をしよう!

目次

6時限目　将来的に安定した運用を目指すために、今からしておくこと

0時限目

不動産投資って何？

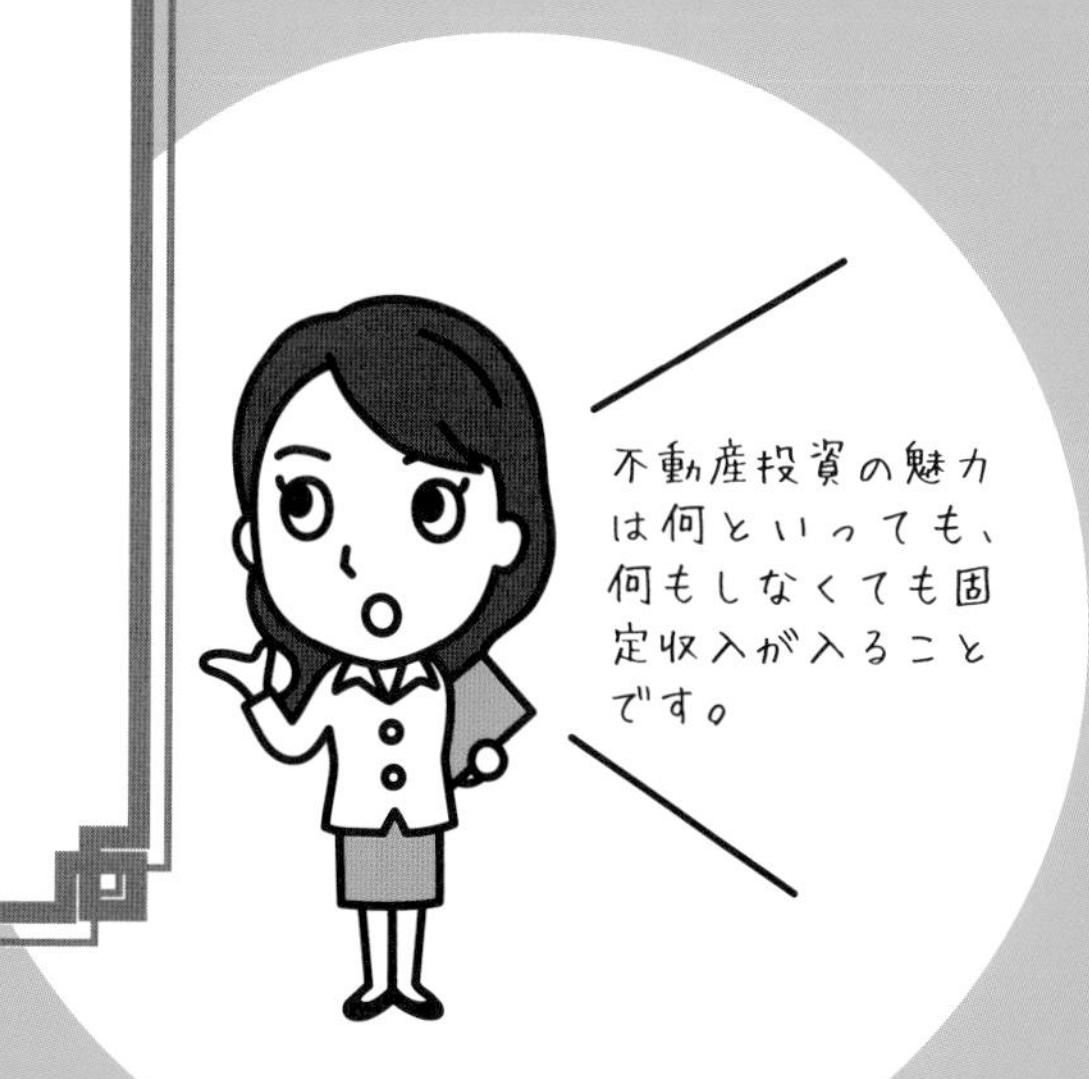
不動産投資の魅力は何といっても、何もしなくても固定収入が入ることです。

01 不動産投資の魅力って何？

1 それは、何もしなくても固定収入が入ること

先日、知りあいのAさんご夫婦から相談を受けました。

「私たち夫婦も40代に突入したので、これからは老後に備えて不動産投資をはじめようと思います。年金も当てにならないし、毎月少しでも不動産収入があれば心強いです。どんな不動産を選んだらいいでしょうか？　不動産のこと、まったくわからないもので……」

Aさん夫婦は共働きで小学生の女の子がひとりいます。子どもにもまだまだお金がかかるし、自分たちの老後も心配。そんなとき知りあいが不動産投資をしているという話を聞きました。お給料以外に毎月決まった額の収入が入る不動産投資。とっても魅力的に思えたのですが、何から勉強していいかわからない。どんなことに気をつければいいの？　何にも知らないと騙されない

かしら……不安と期待が交差した状態で私のもとに相談に来ました。

毎月、何もしなくても賃料という固定収入を生んでくれる魅力

- **老後の生活資金にしたい**
- **結婚や出産で仕事を辞めても、定期収入やお小遣いがほしい**
- **もう少しゆとりのある生活がしたい**
- **仕事を辞めて子どもとの時間を大切にしたい**
- **「大家さん」という響きが素敵**
- **働いている会社がつぶれても生活費は必要**

こういうニーズに応えてくれる方法のひとつが、不動産投資なのです。

収入源が会社のお給料だけではなく複数から入ってくるとしたら、うれしくないですか？

たとえば、事情があって会社を辞めたとします。そんなとき、次の仕事先がなかなか決まらなかったら不安ですよね。でも、次のような収入源を持っていたらどうですか？

- **不動産収入がある**
- **副業の収入がある**

こういった副収入があれば、いざというときには安心感につながります。

また、次のような現金化できる金融商品を持っている場合も安心感につながります。

- **株を持っているので、現金化できる**
- **投資信託を積み立てているので、現金化できる**
- **純金積立をしているので、現金化できる**

副収入や金融商品を持っていれば、収入源のひとつである「会社のお給料」が一時的に入ってこなくなっても、急いで気に入らない会社に就職することなく、じっくりと次の職場を見つけることができます。

そう考えると、会社も取引先のひとつとみなすことができます。会社を「**大きなお金が毎月入る取引先**」と考えれば、ありがたく感じることができて、仕事のストレスも溜まりませんね。

「今月はここから収入が入らなくても大丈夫、こちらがあるから」

このような人生はいかがでしょうか？　毎日が豊かで楽しいものになること請けあいです。

2 不動産投資を「怖いもの」「リスクのあるもの」と思っていませんか？

不動産投資は株式などほかの投資と比べても、決してリスクの高い投資ではありません。

こう書くと、次のような質問がたくさん飛んできそうです。

「不動産投資で失敗して借金地獄になった人を知っています」

「空室が続いて賃料が入らないとどうなるんですか？」

「今後日本の人口は減るのに、不動産は供給過剰で余りませんか？」

確かに、中には不動産投資で失敗して破産した人もいます。また昔と違って右肩上がりで賃料が上昇する時代は終わりました。

でも大丈夫です！　本書でしっかりと学び、学んだことを実践すれば、決して借金地獄になることも、入居者が決まらなくて困るということもありません。

これから、不動産業界に20年間以上身を置き、たくさんの成功大家さん、失敗大家さんの実例を見てきた結果、私が見つけた「最高の不動産投資の秘訣」についてお話しします。何度も読み返してしっかりと頭の中に叩き込んでくださいね。

不動産投資で失敗した人もたくさんいます。
それはなぜでしょうか？
人に勧められた不動産物件をそのまま鵜呑みにして買っているからです。
本書をしっかり読んで失敗しない、成功大家さんになりましょう！

02 リスクによって投資を分けるということ

1 リスクとリターンのバランスが、抜群にいいのが不動産投資

不動産投資はほかの投資と比べても、抜群にリスクとリターンのバランスがいい商品です。投資の代表例として、株やＦＸがあります。そのほか、お金を増やす手段としては銀行預金などの定期預金もあります。これらをリスクと、それによって得られる利益（リターン）に分けると次のようになります。

2 ローリスク・ローリターンの投資とは？

元本が減らないので、リスクはないけれど見返りもほとんどない、安全なものです。預貯金や定額預金、国債などがこれにあてはまります。

銀行に定期預金をしておけば、金利が8％もつくという時代がありました。現在はどうでしょう？　ほとんど金利がつかない状況がすでに何十年と続いています。今後も金利が上がる兆しはほぼ見えません。

例 銀行に600万円の定期預金をしたとします。金利は1年間預けて年0・2％つきます。1年後、どれくらいの利益になると思いますか？

元本：600万円
金利：600万円×0・2％＝1万2000円

元本は保証されていますが、1年間預けても何とたったの1万2000円しかお金は増えないのです。

3 ハイリスク・ハイリターンの投資とは？

リスクが高く、投資した資金が返ってこない可能性もあるけれど、うまくいったら大きな利益となる、あなたが思っているいわゆる一般的な「投資」のイメージに近い商品です。FXや先物取引、株式投資がこれにあてはまります。この中で、最もリスクが高くリターンが大きいのが、外国の通貨を売買して利益を出すFXです。FXはレバレッジを掛けることができるので、少ない資金を担保にしてその何倍もの金額（最高25倍）の投資をすることができます。

例 ＦＸ会社に証拠金として50万円を預けたとします。1ドル１００円で10万ドル購入しようとすると、手数料は別にして１００円 × 10万ドル ＝ １０００万円が必要になります。レバレッジを20倍にすれば、証拠金が50万円で大丈夫です。

- **1ドルが１０１円に値上がりした場合**
  1円 × 10万ドル ＝ 10万円

外国為替が1日で1円動くことは普通にあります。ドルの価格が思った方向に動けば大きな利益となります。

- **1ドルが99円に値下がりした場合**
  1円 × 10万ドル ＝ 10万円

一瞬で10万円の損失となる可能性もあるのです。元本50万円の手前で強制ロスカットされますから、元本以上にマイナスになる心配はほとんどありませんが、元本の50万円が短期間で消えることもあります。

ＦＸをはじめとしたハイリスク・ハイリターンの投資商品は、うまくいけば大きく儲かりますが、一瞬ですべてがなくなるリスクもあるのです。

4 ミドルリスク・ミドルリターンの投資とは？

リスクは中程度で、元本は保証されませんが、投資した資金が一瞬で消えるようなことがなく、投資がうまくいった場合にはある程度の利益となる投資商品のことです。不動産投資、上場ＲＥＩＴ、金投資などがこれにあたります。

不動産投資のリスクには、❶物件の滅失、毀《き》損（58頁「火災保険などの保険料」参照）、❷物件選びの失敗による空室、賃料の下落（4時限目01参照）、❸賃借人選びの失敗による賃料の未払い（5限目02参照）の3つがあります。これらのリスクは回避する方法さえ知っていれば、低下させることもできるリスクです。これがミドルリスクといわれるゆえんです。

例 不動産の購入価格は６００万円で、毎月5万円の家賃収入が入るとします。経費を引いて、毎月、どれくらいの純利益になると思いますか？

この物件の場合、年間で60万円の家賃収入が入ってくることに

用語

上場REIT；
証券取引所に上場している不動産投資信託。多くの投資家から集めた資金で、オフィスビルや商業施設、マンションなど複数の不動産を購入し、その賃貸収入や売買益を投資家に分配する商品。

なります。しかし残念ながら、60万円すべてが収益になるわけではありません。ここから経費を引かなくてはなりません。マンションだったら、修繕積立金、管理費、固定資産税や都市計画税、火災保険料などがあります。ほかにも、家賃の徴収やクレームの対応なども不動産会社に頼んでいたら、別途PMフィー（66頁参照）が5％程度かかります。そうすると、地域や物件の戸数、広さによっても多少左右されますが、これらの経費として別途、収入の約25～35％かかります。株やFXのようにわずかな手数料ではないので、試算するときには経費を考えるようにします。では、「**経費率：家賃収入に対する経費の割合**」を30％として月間収益を計算してみましょう。

1年間の家賃収入 5万円×12カ月＝60万円（Ⓐ）
経費 60万円×30％＝18万円（Ⓑ）
年間収益 60万円－18万円＝42万円（Ⓐ－Ⓑ）
月間収益 42万円÷12＝3万5000円

● 投資商品にリスクとリターンのバランス

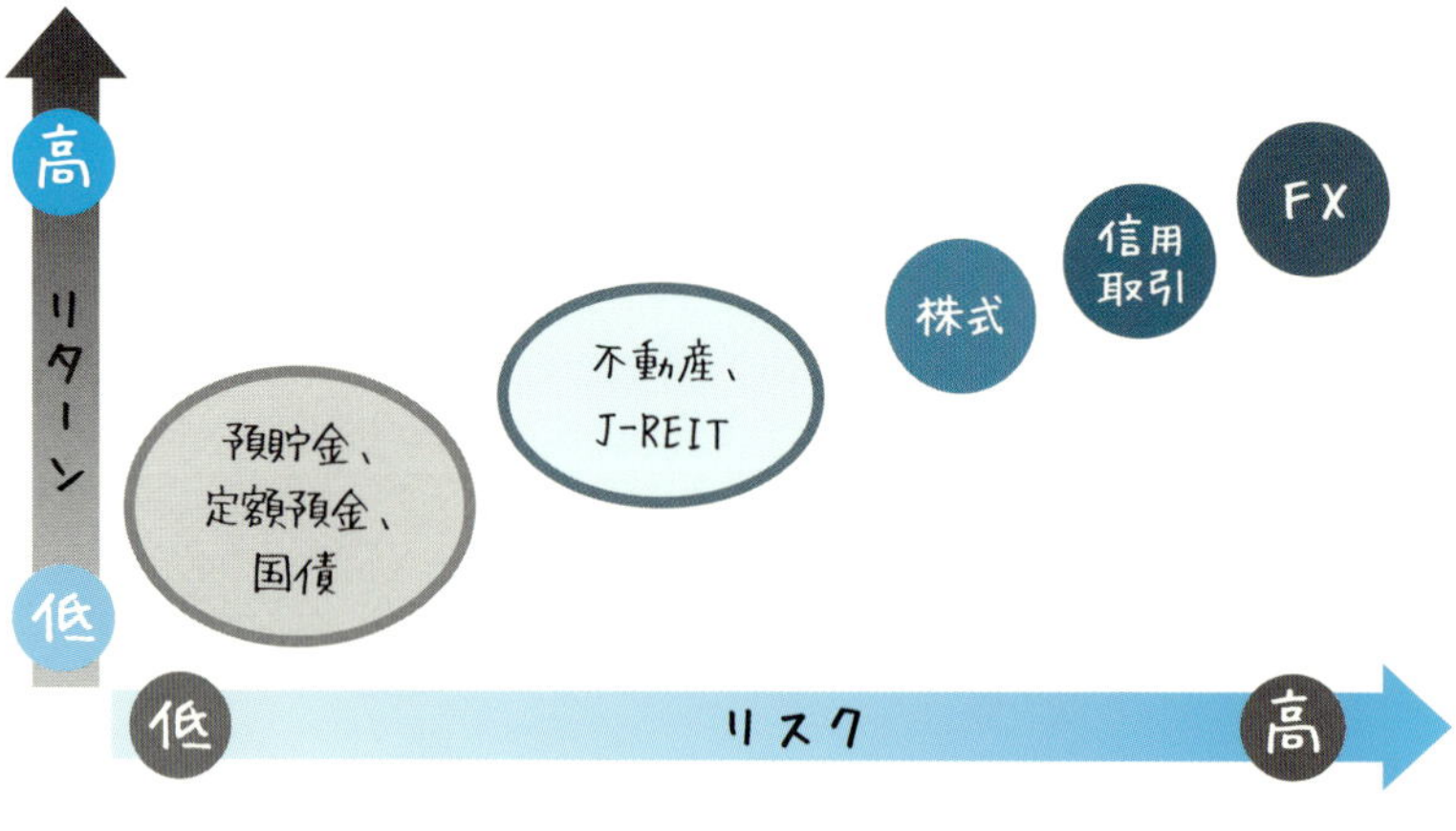

大まかに、600万円の投下資金に対して経費を差し引いても年間42万円の利益が入ってくることがわかります。

FXのように大きな利益にはなりませんが、600万円預けて1年で1万2000円の金利しかつかない銀行預金に比べれば、格段に儲かる投資なのです。

不動産投資がほかの金融商品に比べて、リスクとリターンのバランスが取れているという意味がおわかりいただけたでしょうか。

マンションの経費には、次の5つがあります
修繕積立金
管理費
固定資産税や都市計画税の税金
火災保険料
不動産会社に支払うPMフィー（66頁参照）

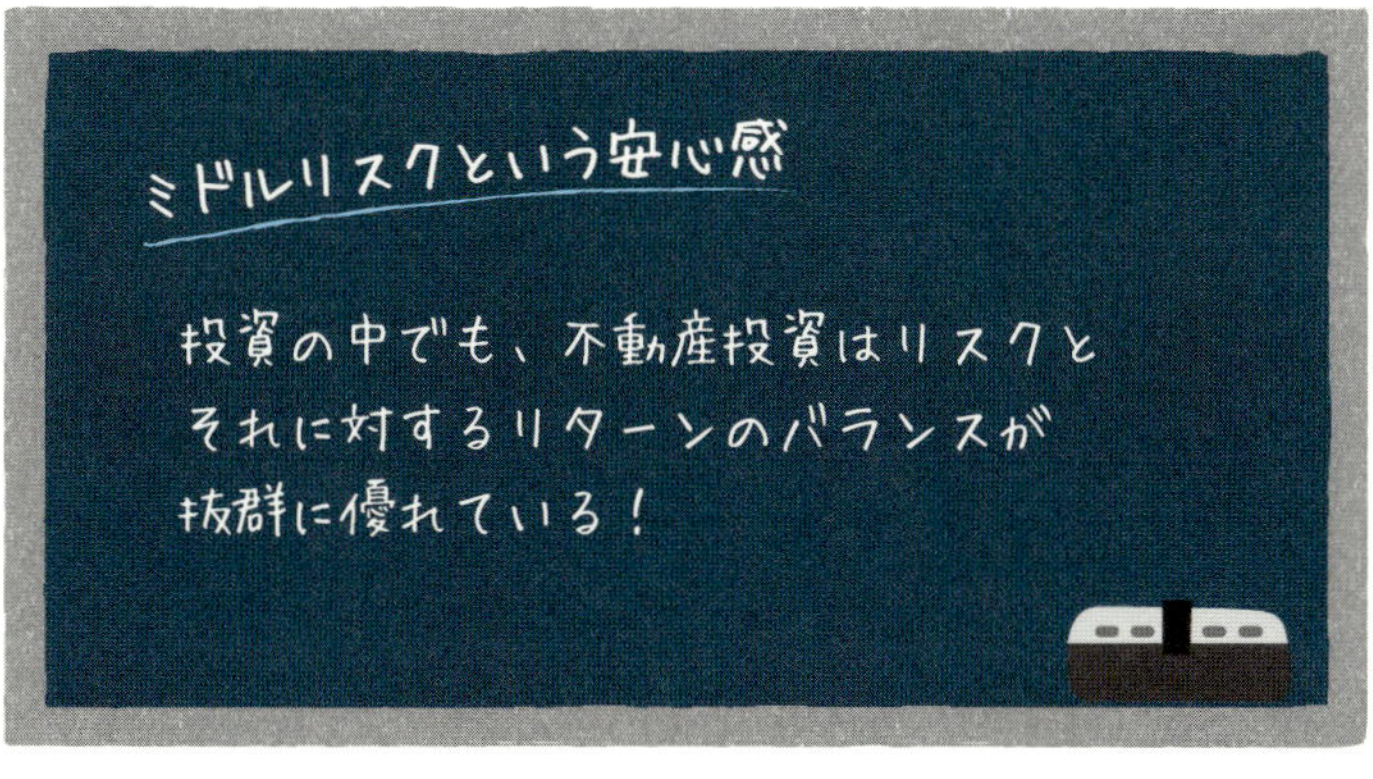
ミドルリスクという安心感
投資の中でも、不動産投資はリスクとそれに対するリターンのバランスが抜群に優れている！

03 不動産の価格は誰が決めるの？不動産はどこで買うの？

1 誰が不動産価格を決めるの？

不動産投資がリスクとリターンのバランスが抜群にすぐれた投資商品であることがわかりました。では、その不動産の価格は誰が決めているのでしょうか？

意外かもしれませんが、**「不動産の価格を決めるのは売主」**です。もちろんその前段階として、不動産会社に相談しますが、売主がこの価格なら売りたいと思う値段が不動産の価格になります。

投資用マンションの価格が決まるプロセスを見てみよう

まず、不動産を売りたい人（Aさん）がいます。Aさんは自分が投資用で持っているワンルームマンションがどれくらいの価格で売却できるか、不動産会社に問いあわせをします。

不動産会社の担当者はAさんの不動産を見て、次の手順で査定していきます。

❶ 同じマンション内の違う部屋がどれくらいの価格で売却できたかをレインズ※で調べる

❷ Aさんの部屋がどれくらいの賃料で貸せるか調べる

なぜなら、投資用不動産の場合、投資家は利回りがどれくらいかを購入の判断基準にするからです。

利回りというのは、年間の賃料を購入価格で割ったもの（利回り＝年間の賃料÷購入価格）です（1時限目01参照）。

❸ マンションの立地や駅からの距離、築年数、駅の人気度なども調べる

ワンルームマンションの場合は特にそうですが、次の4つの条件によって不動産価格は大きく違ってきます。

❶ そのマンションがどういう立地に建っていて、周辺の環境がどうか？
❷ 駅からの距離は何分か？
❸ 築年数はどれくらいか？　新しいのか古いのか？

用語

レインズ：
国土交通大臣から指定を受けた不動産流通機構が運営しているコンピュータ・ネットワークシステムの名称。
指定流通機構の会員不動産会社が不動産情報を受け取ったり情報提供を行うシステムで、会員間での情報交換がリアルタイムで行われている。レインズは残念ながら不動産業者以外の一般の人は見られない。

❹ 駅は急行が止まるのか？　違う路線が乗り入れているか？

売主の決めた不動産価格で売却できるとはかぎらない

ここまでの手順を踏んで、不動産業者の担当者は依頼者のマンションの価格を査定します。ただし、価格がこれで決まるというわけではありません。その査定額を、売主さんが「安すぎる！」といった理由で気に入らないときは断ってくるからです。もしくは複数の不動産業者に頼んで1番高く査定してくれた会社に依頼することもあります。結局最後は売主の判断で売り出し価格が決まることになるのです。

ただし、その価格で売れるかどうかは別です。高すぎる価格だといつまで経っても誰も買いたがらず、結局は値段を下げることになってしまうからです。

「不動産の価格を決めるのは〝売主〟ですが、最終的な売却価格は〝市場〟が決めること」になるのです。

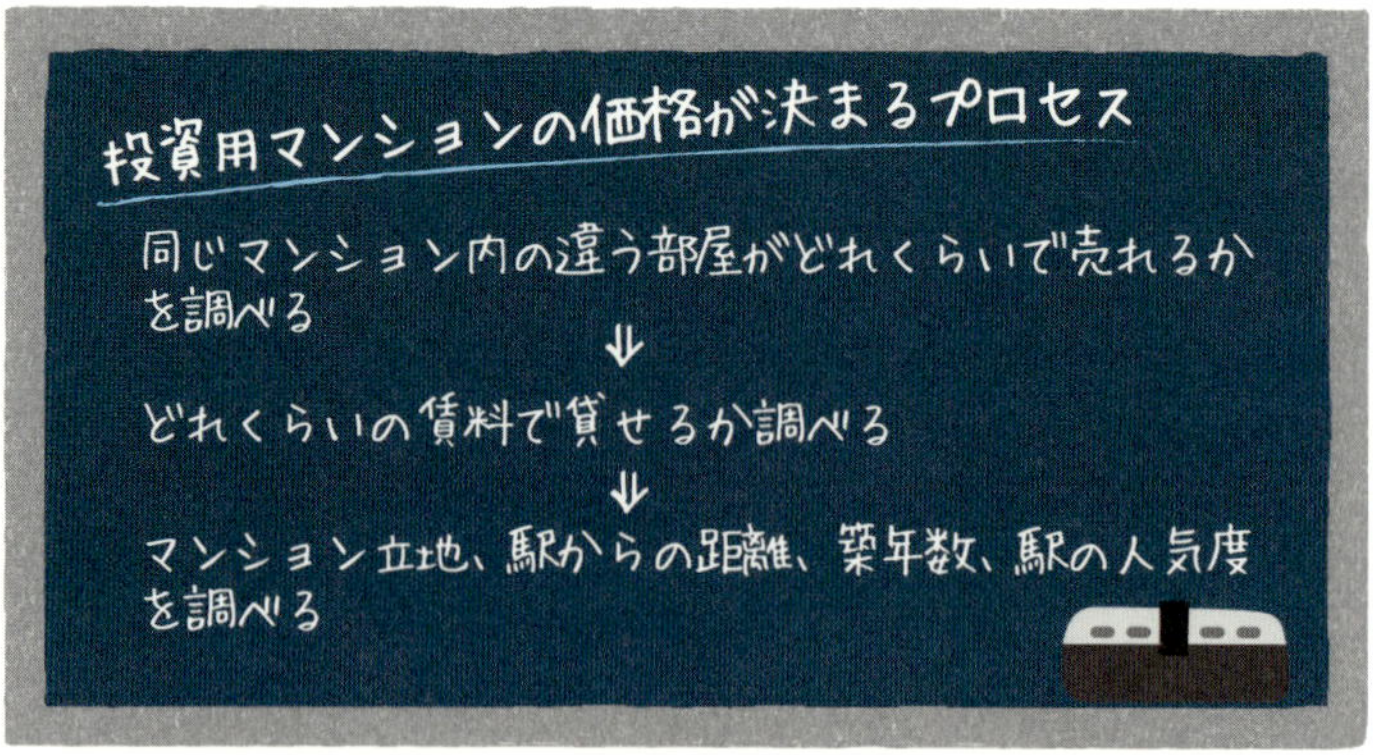

2 不動産は、どこで見つけて誰から買うの？

ところで、不動産は誰からどこで買うのでしょうか？

デパートやスーパーには残念ながら不動産は売っていません。

実は誰からどこで買うかは、新築物件か中古物件かによって異なります。

新築物件は、どこで見つけて誰から買う？

新築マンションや新築建売住宅の場合は、マンションや建売住宅を建築した売主（デベロッパー）から購入することになります。もしくは、売主の物件を不動産会社が代わりに販売する（代理）こともあります。

では、その新築物件の情報はどこから得るのかというと、売主や販売代理会社が新聞の折り込みチラシやテレビCM、ネット広告などで宣伝することが多いので、そういったものから見つけます。チラシや広告の問いあわせ先に連絡をして、実際購入することになったら、売主や代理人の会社で契約をするという手順にな

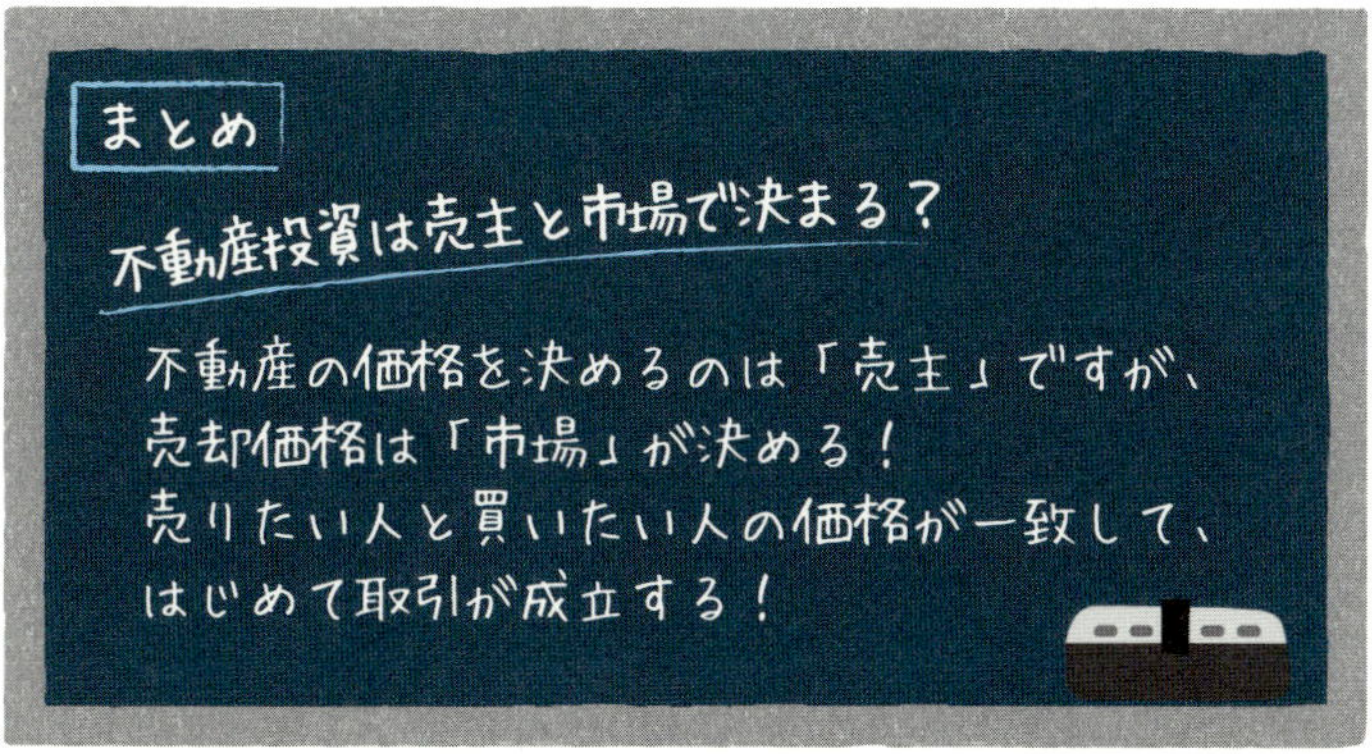
まとめ
不動産投資は売主と市場で決まる？
不動産の価格を決めるのは「売主」ですが、
売却価格は「市場」が決める！
売りたい人と買いたい人の価格が一致して、
はじめて取引が成立する！

ります。

ちなみに売主や販売代理会社から直接購入する場合は、不動産の仲介手数料はかかりません（手数料などの費用に関しては2限目01で詳しくお話しします）。仲介手数料がかからない分、お得です。

中古物件は、どこで見つけて誰から買う？

中古のマンションや中古の戸建住宅の場合は、基本的には売主と買主をつなぐ仲介会社から購入することになります。この場合の買主は、ネット、店舗の張り紙、ちらし、不動産会社からの紹介などで物件を探し、購入することになります。

「買主が仲介物件を購入する際は、物件費用とは別に仲介手数料を支払う」ことになります。

中古物件でも不動産会社が所有している物件を購入する場合には、仲介手数料がかかりません。

● 新築物件と中古物件の購入先と情報の入手方法

	新築物件	中古物件
誰から購入するのか？	開発業者またはその代理人	個人、不動産会社
どこで情報を得るの？	・新聞の折り込みチラシ ・テレビのコマーシャル ・インターネット	・インターネット ・店舗の張り紙 ・ちらし ・知りあいの不動産会社
仲介手数料	なし	あり

※ 中古物件の場合、不動産会社が売主の場合には、仲介手数料がかかりません。
新築物件でも、仲介会社が入れば仲介手数料がかかります。

1時限目 不動産投資って本当に儲かるの？

不動産投資の基本はインカムゲインをねらうことです。つまり、毎月の家賃収入をしっかり得られる物件を見つけなくてはいけません！

01 不動産投資で得られる利益って何？

1 インカムゲインとキャピタルゲインを覚える

ここで不動産投資から生じる利益について整理をしておきます。不動産投資から得られる利益は毎月の賃料だけではありません。ちゃんとボーナスも出るんです。

不動産投資でいうボーナスというのは、売却益のことです。もちろん昔と違い、不動産は買えば上がるという時代ではありませんが、いい不動産を安く買えば売却のときにちゃんと利益が出ます。でもこれはあくまでもボーナスだということを忘れないでください。**「はじめから売却益をねらって買うのはプロの投資家でもなかなか難しいので、しっかり家賃収入の取れる物件を探すことが基本」**です。

「毎月の賃料収入のことをインカムゲイン」「買ったときよりも高く売却できたときの利益（ボーナス）のことをキャピタルゲイン」といいます。

2 不動産投資の基本はインカムゲインをねらうこと

インカムゲインで毎月ゆとり生活

毎月決まった額の賃料が入ることこそ不動産投資の強みです。多少日本の景気が悪くなっても部屋を借りてくれる人がいるかぎり、安定した定期収入が入ります。

「不動産投資は、何よりもインカムゲインで稼ぐことが基本」です。しっかりと稼いでくれる不動産を選ぶことが最も重要になってきます。

不動産投資の醍醐味を味わう

「借主が出てしまったら、次の入居者が決まるまで賃料が入らない？」

これは誰もが不動産投資に対して抱く恐怖感です。確かにインカムゲインは入居者がいるからこそ入ってくる収入ですから、空室が続くとちょっと厳しいですね。でも大丈夫です！　借主が部屋を解約しても次の入居者がすぐに決まる対策がちゃんとあります。入居者がすぐに決まる秘訣は3時限目04で詳しくお話しするので、ここではインカムゲインの醍醐味をしっかり堪能してください。

2人のお子さんを育てる主婦のAさんは、1人目のお子さんを出産するときに会社を退職しました。そのとき思い切って、独身時代からこつこつ貯めてきた貯金と退職金で、投資用のマンションを購入しました。物件は都心からほど近い、若い人に人気の駅から徒歩5分という立地条件に恵まれた1Kのマンションです。築年数20年、販売価格800万円でした。これを最終的に750万円に値切って購入しました。家賃はこのあたりの相場から月額7万5000円入ってきます。

　この場合の毎月の収入は、管理費・修繕積立金（63〜64頁参照）である1万円、管理会社へのPMフィー（家賃の5%として計算：66頁参照）3750円を引いて、手取りで毎月6万1250円のお小遣いが入ることになります。

　毎月6万1250円の自由なお金が入ることを考えてみてください。Aさんは子育て中心の主婦ですが、不動産収入があるおかげで、ずっと子どもたちと一緒に時間をすごせるのです。新婚さんだって、独身の人だって、不動産からちょっとしたお小遣いが入ってきたとしたら、生活が豊かになりますよね。こういうちょっとリッチな生活を可能にするのが不動産投資の醍醐味のひとつなのです。

● 月々の家賃収入の計算 例

家賃	−	修繕積立金 ＋ PMフィー ＋ 管理費	＝	手取り
7万5,000円		1万3,750円		6万1,250円

※ 管理費は、マンション全体を維持するための費用で、PMフィーは、賃貸物件を維持するための費用です。

利回りの計算のしかた

利回り○%という言葉をよく耳にします。不動産投資でいう利回りって、どうやって計算するか知っていますか？ 不動産投資の利回りは大きく分けると、次の2つがあります。

❶ 表面利回り（グロス利回り）：年間家賃 ÷ 不動産価格
❷ 実質利回り（ネット利回り）：（年間家賃 − 管理費などの経費）÷ 不動産価格

表面利回りは、年間の家賃を不動産の価格で割ったものです。

一方実質利回りは、年間家賃から管理費や修繕積立金、固定資産税などの経費を引いた収益を不動産価格で割ったものです。

計算は表面利回りのほうが簡単なので、購入するときの判断基準として一般的に「利回り○%」といわれているのは、たいていは表面利回りのことです。

先ほどのAさんの例でいうと、表面利回りは年間収益が90万円（7万5000円×12カ月）になるので、購入金額の750万円で割る

● 表面利回りと実質利回りの計算 例

表面利回り	90万円÷750万円×100＝12%
実質利回り	{90万円−(90万×30%)}÷750万円×100＝8.4%

※ ここでは経費を年間家賃の30%で計算しています。

と12％になります。

あとで詳しくお話ししますが、**「はじめての不動産投資で選ぶ物件は、表面利回り12％以上をねらうことが重要」**です。

3 キャピタルゲインで思いがけない大きな収入も夢じゃない

不動産投資の基本はインカムゲインで稼ぐことですが、いい物件を安く買うことができれば、キャピタルゲイン、すなわち売却益というボーナスももらえます。

キャピタルゲインをねらうには、**「いい物件をいかに相場より安く購入できるか」**がとても重要になってきます。こう考えると、勝ち組大家さんが選ぶ物件というのは、とにかく次の2点です。

❶ 安定した家賃収入がある
❷ 売却益もねらえる

インカムゲインとキャピタルゲインの両方をゲットした場合、あなたも立派な勝ち組の大家さんだといえます。

両方ねらえる物件は理想的な不動産として頭に置きつつ、それでも実際にはなかなか見つからないので、まずは安定した家賃収入が入る物件を選ぶようにしてください。

売却したときに思いがけず高く売れたら、「ラッキー！」「ボーナスが出た！」くらいの軽い気持ちでいましょう。

インカムゲインとキャピタルゲインがねらえる物件に出会えたらラッキー

Bさんは毎月安定して利益を得られる不動産投資に興味を持ち、ぜひ自分もやってみたいと思い、都心近郊の学園都市に建つ築25年の1Kの物件を500万円で購入しました。表面利回りは12％だったので、毎年60万円（500万円×12％）の賃料が入ってくる計算です。

5年ほど持ち続けたのですが、もっと大きな不動産に買い替えたいということで売却することにしました。この不動産は駅から近く利回りもよかったので、なんと700万円で売れました。

Bさんのケースの収支を計算すると、インカムゲインとして年間家賃60万円が5年間で300万円、キャピタルゲインとして売却金額の700万円から購入金額の500万円を引いた200万円のトータルで500万円の利益を得たということになります。

実際には毎年30％程度の経費と売却時の税金、仲介手数料など

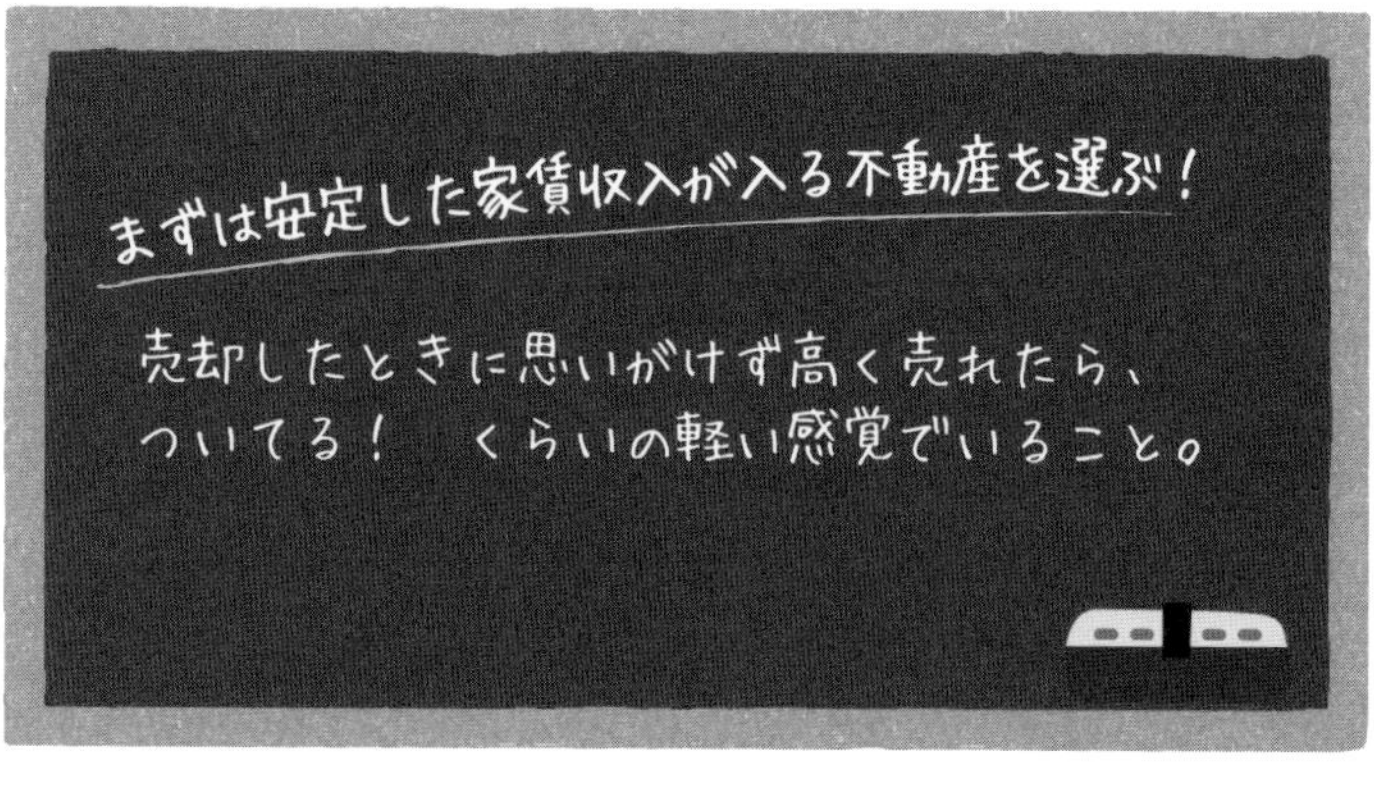
まずは安定した家賃収入が入る不動産を選ぶ！
売却したときに思いがけず高く売れたら、
ついてる！　くらいの軽い感覚でいること。

がかかるので、手元に残るお金はもう少し少なくなりますが、それでも5年間の不動産投資でかなりの利益が出た成功事例だといえます。

キャピタルゲインをねらう秘密の方法ってあるの？

キャピタルゲインをねらう秘密の方法、実はあるんです。とても単純なことですが、「**不動産市場が落ち込んでいる時期に買えばいい**」のです。

たとえば、最近だと不動産市場の落ち込んだ時期は次の2回です。

- **平成バブルが崩壊して価格が最も落ち込んだ2003年ごろ**
- **リーマンショックが起きたあとの2009〜2012年ごろ**

市場が落ち込むとどういうことが起きるかというと、「**不動産会社の資金繰りが悪くなり、物件を購入できなくなる**」「**在庫が膨れ上がって開発業者が土地を購入してマンションを建築できなくなる**」「**新築マンションの建築が落ち込み、建築業者が倒産する**」といった負のスパイラルが発生し、不動産市場には買い手がいなくなるのです。その余波は中古の不動産にもおよびます。

また、体力のある業者による損切物件や不良債権を処理したい銀行から、大量の売却物件が市場に出てきます。

この「**買い手不在の中で購入した個人投資家こそが、キャピタルゲインをねらえる**」のです。

いい不動産物件を安く購入できれば、何年か経って市場が回復したころに、買った値段よりも高く売却できるのです。勝ち組大家さんになるのは実は簡単なんです。それは、**「時期が来るまでちゃんと待てる人になること！」**です。そして、**「その時期が来るまでは、しっかりと不動産について勉強すること」**が必要です。

不動産会社や開発業者は市場に関係なく、つねに不動産を売却したり建築して利益を得なければなりませんが、個人の投資家は市場がおいしいときだけ参入すればいいのです。それが大きな強みなのです。その強みを100％生かして不動産投資をしましょう。

成功している大家さんの本をうのみにしてはいけない

ここでひとつ触れておきたいことがあります。それは、ちまたにあふれている**「〝成功している大家さんの本〟に書かれている不動産物件の購入方法をうのみにしてはいけない」**ということです。いつでもどこでも通じる不動産投資の方法なんてありません。成功している大家さんのほとんどは、購入時期がよかったのです。**「市場が落ち込んでいる時期（右頁参照）に購入した大家さんは、どんな手法でも利益が出る」**のです。

また多少難のある不動産物件（たとえば前面道路が狭かったり、土地の形状が悪い不動産）を買ってしまっても、大幅に安く買っていれば利益が出ます。このことを理解しないで、成功している大家さんの真似をしようとすると、高値で買ってしまい、ローンが支払えなくなることも十分にあり得ます。

02 不動産投資は節税効果、インフレ対策にも効果がある

1 不動産投資は本当に節税効果に強い？

不動産投資は節税効果があるといわれていますが、これは本当でしょうか？　ある意味本当ですが、注意しなくてはいけない点もあります。

まず不動産投資からは家賃収入が入り、管理費・修繕積立金や固定資産税、都市計画税、PMフィー、火災保険、ローンの金利、減価償却費、修繕費などの経費が発生します。収入から経費を差し引いた額がマイナス、つまり「**赤字になった場合、赤字分を給与所得から差し引くことができるので、給与所得から天引きされている源泉税を取り戻すことができる**」のです。これが、サラリーマンの人が不動産投資をした場合の節税効果です。

ちなみに不動産投資で認められる必要経費には、次のようなものがあります。

- 土地・建物の固定資産税、都市計画税
- 修繕費（小さな修繕）
- 損害保険料（掛け捨てのもので、その年分のみ）
- ○ 不動産会社へのPMフィー（66頁参照）
- （管理組合が委託している）建物の管理会社へ支払う管理費・修繕積立金
- 入居者募集のための広告宣伝費
- 減価償却費
- ○ 借入金金利（元本は経費にならず、金利の部分のみ経費となる）
- 税務関係を税理士に依頼した場合の費用
- そのほかの雑費（掃除、消耗品代、交通費、通信費など）

減価償却費という出ていかないお金が費用になる

そしてここからが重要で少し難しくなりますが、経費の中には減価償却費というものが含まれていて、この「**減価償却費が、実は節税効果の大きな要となる**」のです。減価償却費は、不動産を買ったときに1度に費用にしないで毎年少しずつ経費として計上するしくみです。「**建物だけが減価償却費の対象となり、土地は残念ながら対象外**」です。土地は建物と違って減価しないからです。

すでに建物を買っているので、減価償却費は実際にお金としては出ていかないのですが、経費として計上することができます。現実には発生しない経費である減価償却費が大きい場合、収支がマイナスとなることがあり、このマイナスとなった金額を給与所得から引くことができるので、税金対策になるのです。またローンを組んで購入した場合は、ローンの金利部分なども経費として計上できます。

ここで注意しなくてはいけないことは、減価償却費は税法上、建物の構造により償却できる期間が決まっていることです。たとえば、鉄筋コンクリート造のマンションの法定耐用年数は47年、重量鉄骨（骨格材の肉厚によりやや異なる）なら34年です。木造アパートならさらに短い22年です。この期間を超えてしまった古い建物でも減価償却が認められます（次の❶参照）。

建物の法定耐用年数については、国税庁のサイト「耐用年数（建物・建物付属）」表を参照してください（**https://www.keisan.nta.go.jp/survey/publish/34255/faq/34311/faq_34354.php**）。

❶ 法定耐用年数を超えてしまった古いアパートやマンションはどうやって計算するの？

この場合の耐用年数は、「**法定耐用年数 × 20%**」で計算します。

たとえば築30年の木造アパートは法定耐用年数が22年なので、法定耐用年数を８年超えています。この場合の耐用年数は、「法定耐用年数22年 × 20% ≒ ４年」となります。

② 築年数が法定耐用年数の一部を経過しているアパートやマンションはどうやって計算するの？

RC造のマンションの場合は、法定耐用年数が47年なので、築20年のマンションの耐用年数は、「**（法定耐用年数 − 経過年数）＋ 経過年数 × 20％**」で計算します。

たとえばRCのマンションで、築20年経っている場合の耐用年数は、「27年（法定耐用年数47年 − 築年数20年）＋4年（築年数20年×20％）＝31年」となります。

節税効果を上げるための裏ワザ

ここでひとつ裏ワザがあります。「建物だけが減価償却費の対象となり、土地は残念ながら対象外」であるとお話ししましたが、この土地と建物の比率は決まっているわけではありません。建物の金額が高いほうが、減価償却費が大きくなるので節税効果があります。ですから物件を購入するときには、「**土地と建物の配分を売主さんと交渉し、売買契約書に建物価格を高く記載する（限度があります）ことによって、より節税効果を大きくすることもできる**」のです。

2 そもそも赤字になる不動産投資は正解か？

またそもそも赤字になってしまうような不動産投資がいいのか？　という根本的な問題もあります。ただし給与所得がものすごく多い人がローンで購入した場合は、不動産の赤字分は税金が返ってくるし、最終的には不動産が自分のものになるのでいいという考え方もあります。でも**「普通の所得の人が、税金が戻ってくることを目的に、赤字になる不動産投資をすることは間違っているし危険すぎるので、赤字になるような物件には絶対に手を出さないように」**してください。

3 不動産投資は本当にインフレに強い？

「不動産はインフレ対策になる」という言葉を耳にしたことがありますか？　どういうことかというと、インフレになって物の値段が上がると、当然のことながら不動産の価格も上がります。中古の車やモノなどはインフレになってもなかなか高く転売することは難しいですが、不動産の場合は場所がよければかなりの高額で売却することも可能です。このことが**「不動産はインフレに強い」**といわれる理由です。

ただし、インフレに強い不動産物件は今後ますます限定されてきます。なぜなら日本の人口は少子高齢化によって減っており、人は都心に集まるからです。インフレに強い不動産物件は、人口が集中している都心または地方都市、そして賃貸が十分に成り立つ地域に限定されます。

4 ローンを組むときは、変動金利か固定金利か

不動産投資をする場合、ローンを組んで銀行からお金を借りる人も多いと思います。ここで悩

むのが、「変動金利がいいのか？　固定金利がいいのか？」ということです。不動産投資の場合、マイホームを購入するときの住宅ローンよりも金利は高くなりますが、変動金利のほうが固定金利よりも低いのは同じです。こんなときは、「今まで何十年と低金利なんだから、ずっと上がらないでしょう」という楽観的な思惑で金利を選んではいけません。金利が上がるかそれともまだまだずっと低金利が続くかは誰にもわからないのです。ただ確実に言えることは、「**インフレになると金利は上がる**」ということです。

大地震がいつ来るかは誰にも予測できませんが、それに備えて非常食を買い置きしたり、地震保険に入ったりすることが重要なように、金利が上がるかどうかはわからないし、インフレになるかどうかもわからないけれど、なっても大丈夫なように対策をしておくことが大切です。そうすると、「**おのずと変動金利ではなく固定金利を選ぶ**」ことになります。

「変動金利」と「固定金利」は、つい目先の金利の安さで「変動金利」を選んでしまいそうですが、「固定金利」を選んだほうがいいんです。

Episode 1

現物不動産と REIT の違い

不動産投資には先にお話しした「REIT」株を購入する方法もあります。

REIT は株式の一種なので、通常の株取引と同じように REIT 株が上がれば差益が生じます。通常の株と少し違うのは「分配金」が多いということです。分配金の利回りは 2%から 4%以上のものもあるので、かなりの高配当となります。しかし REIT は株の一種ですから、REIT を運営している会社がつぶれる可能性もあります。リーマンショックの影響で、2008 年にニューシティ・レジデンス投資法人が資金繰りに行き詰まり、経営破たんした例もあります。REIT に組み込まれた不動産は、都心の一等地に建つ大きなビルやホテル、銀座の店舗などが多く、個人で購入するのはなかなか難しい高額な不動産を、小さな資金で購入できるのが魅力です。また REIT は複数の不動産に投資しているため、テナントの数が多く､リスクが分散されているのも魅力です。複数の収入源をつくる場合、現物不動産とともに REIT 株を購入するのもお勧めです。しかしその場合は、多少利回りが低くても確実な運営会社の株を購入するようにしましょう。

● 不動産投資には 2 つの方法がある

- **現物の不動産を購入**
- **REIT 株の購入**

● お勧め REIT（2021 年 10 月現在の数値）

REIT 名	詳　細	お勧めポイント
トーセイリート（3451）	投資口価格：137,300 円 利回り：5.14% NAV 倍率：0.99	ポートフォリオは中規模オフィス約 49%、住居約 40%、残りが商業施設という構成。地域別で見るとすべて首都圏所在の物件で占められている。
ヘルスケア＆メディカル投資法人（3455）	投資口価格：154,500 円 利回り：4.19% NAV 倍率：1.29	介護医療事業を手掛けるシップヘルスケアホールディングスに加え、三井住友銀行、ファンド運営事業を行う NEC キャピタルソリューションを主要スポンサーとするヘルスケア施設特化型 J-REIT。
三菱地所物流リート投資法人（3481）	投資口価格：489,500 円 利回り：2.90% NAV 倍率：1.48	三菱地所をスポンサーとする J-REIT。主要投資対象は物流施設。格付けについては JCR から「AA-」という高格付を取得している。＜ 2019 年 1 月 31 日時点＞

※ NAV はその REIT が持っている純資産のことで、NAV 倍率が 1 倍を割れていれば割安であると判断できます。「NAV ＝ REIT の資産 － REIT の負債（いずれも時価換算）」、「NAV 倍率 ＝ 投資口価格 ÷ 1 口あたりの NAV」で求めます。

2時限目
不動産のコストにはどんなものがあるの？

購入するときにかかる費用は全部で7つです。
毎年かかる費用もあるので、注意してください。

01 不動産を購入するときにかかる費用

1 かかる費用は全部で7つ

不動産を購入するときは、契約の際に売買代金以外にも支払うものがたくさんあります。手数料やら税金やらと「え〜、こんなにかかるの?」と驚くことがないように、事前にどんな費用がかかるのかを知っておきましょう。

売買代金のほかに、契約時にかかる費用を大まかに書き出してみると次の7つになります。

❶ 仲介手数料
❷ 印紙代
❸ 不動産登録免許税
❹ 不動産登記手数料

❺ 固定資産税（日割り）
❻ 不動産取得税
❼ 火災保険などの保険料

これらの費用はおおよそですが、物件購入価格の7～10％くらいになります。つまり、「**契約時には、物件購入価格＋1割ぐらい余分にかかる**」と覚えておきましょう。

たとえば1千万円の中古マンションを購入した場合は、全部で1千100万円程度はかかると思ってください。

2 ❶ 仲介手数料

不動産会社を通して不動産を購入した場合は、不動産会社に支払う仲介手数料がかかります。仲介手数料は売買する物件の金額によって、Ⓐ200万円以下の部分、Ⓑ200万円を超えて400万円以下の部分、Ⓒ400万円を超える部分の3つの区分に分けられます（下図参照）。

少しわかりにくいので、次頁で事例を見てみましょう。

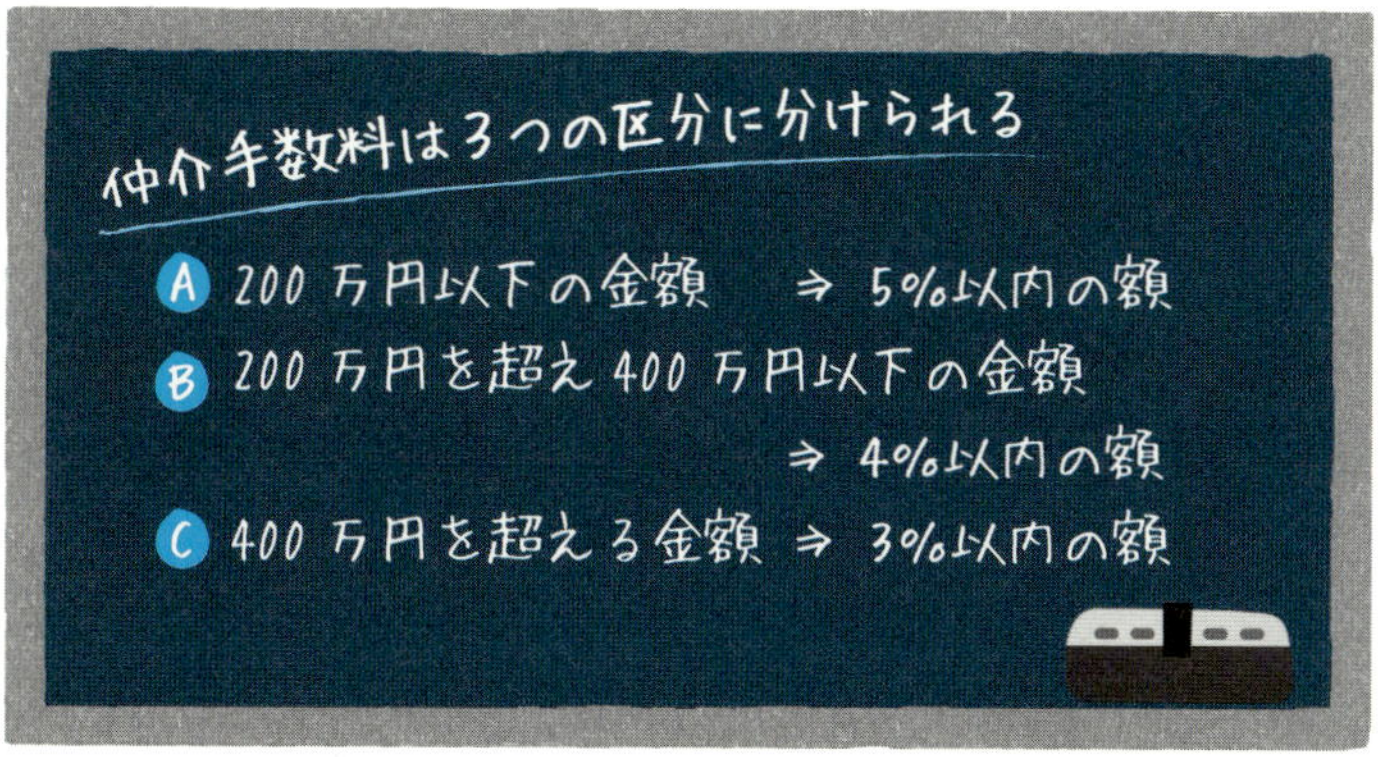
仲介手数料は3つの区分に分けられる
Ⓐ 200万円以下の金額 ⇒ 5%以内の額
Ⓑ 200万円を超え400万円以下の金額 ⇒ 4%以内の額
Ⓒ 400万円を超える金額 ⇒ 3%以内の額

例 1千万円の物件を購入したときの仲介手数料はいくらになると思いますか？

Ⓐ 200万円以下の部分：　200万円×5％＝10万円
Ⓑ 200万円～400万円の部分：　200万円×4％＝8万円
Ⓒ 400万円を超えた部分：　600万円×3％＝18万円

Ⓐ～Ⓒを足すと、36万円になります。

物件が400万円を超えている場合の仲介手数料は、次の公式を使って求めると簡単なので、覚えておきましょう。

物件が400万円を超えている場合の仲介手数料：売買代金の3％＋6万円（消費税別）

この式にあてはめてみると、1000万円の物件を購入したときの仲介手数料は、1000万円×3％＋6万円＝36万円（消費税別）となり、先ほどの計算式と一致します。この36万円という金額は「**あくまでも上限なので、交渉などによって引き下げることも可能**」です。

仲介手数料がかからない不動産物件がある

あなたは「3％＋6万円」という不動産手数料を高いと思いますか？

不動産会社に、物件の紹介から案内、物件の調査、引き渡しまでの段取り、重要事項の説明、契約までの一切を任せることになるので、この手数料は妥当だと考えるべきです。でも買主側にしてみれば仲介手数料は大きな金額です。そこでこの手数料を支払わなくてもいいケースをお話しします。

仲介手数料というのは売主の物件を仲介してくれているから発生する手数料です。それなら、**「売主から直接物件を購入すれば、仲介手数料はかからない」**のですが、気をつけなくてはいけないことがあります。売主には「個人」と「不動産業者」がいることです。特に個人から直接購入するケースは注意が必要です。

❶ 売主が個人の場合

個人と個人との取引になるので、**「物件の調査から契約、ローンを組む場合にはローンの申し込みまで、購入者であるあなたがやることに」**なります。不動産業を経験したことのある人ならまだしも、もしはじめて物件を買うのなら、これはかなりハードルの高い話です。売主が個人で直接購入できるとしても、現実的ではないとあきらめて、費用は別途かかりますが**「調査、契約を代行してくれる不動産会社や代行業者を活用する」**ようにしましょう。

② 売主が不動産会社の場合

新築の場合も中古の場合も仲介手数料はかかりません。中古によくあるケースは、不動産業者が古い区分所有マンションや戸建住宅を安く買って、その後リフォームして転売するケースです。不動産業者の利益が乗っているため、割高な物件も少なくないので注意が必要です。お得なケースもあって、不動産業者の決算期前になると、決算に向けて在庫を減らしたいことも多く、投げ売り状態になる場合があります。また物件は何カ月も市場に出ていると「売れ残り」とみなされ売りづらくなるため、不動産業者は保有している不動産の回転を早める必要があります。お金を借りている銀行の手前、どんどん売れているというポーズも必要です。したがって決算期前にかぎらず一定の時期がくると、薄利でも売却したり、損切りする場合さえもあります。

3 ② 印紙代

不動産の契約時には、売買契約書や領収書など、印紙を貼る書類がたくさんあります。売買契約書に貼る印紙代は不動産の価格

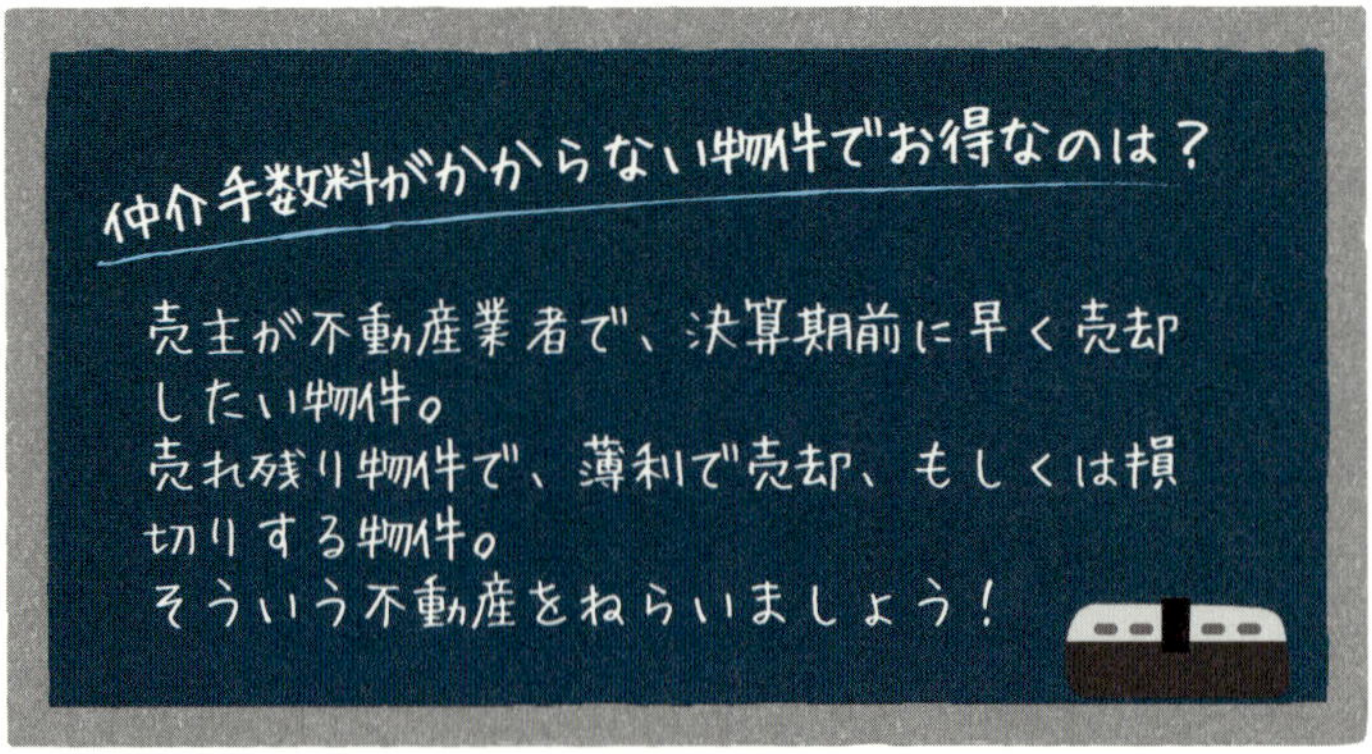
仲介手数料がかからない物件でお得なのは？
売主が不動産業者で、決算期前に早く売却したい物件。
売れ残り物件で、薄利で売却、もしくは損切りする物件。
そういう不動産をねらいましょう！

によって異なり、同じ契約書を複数つくるときは、1通ごとに印紙を貼らなければなりません。

印紙代は令和4年3月31日まで軽減措置の対象になっているので、金額は下表のとおりです。

たとえば900万円の物件を購入したなら、印紙代が契約書1部につき5000円かかります。

通常は売主、買主双方が1部ずつ契約書を持つため、900万円の物件を購入したときは、双方にそれぞれ5000円の印紙代がかかります。

4

③ 不動産登録免許税

不動産の登記をしないとどうなるの？

不動産を購入すると、「**登記が第三者対抗要件**」となります。「お金がかかるから」といって、不動産の登記をしない人がいますが、不動産の登記を

● 印紙代一覧（抜粋）

契約金額	印紙の額
10万円を超え50万円以下のもの	200円
50万円を超え100万円以下のもの	500円
100万円を超え500万円以下のもの	1,000円
500万円を超え1,000万円以下のもの	5,000円
1,000万円を超え5,000万円以下のもの	1万円
5,000万円を超え1億円以下のもの	3万円
1億円を超え5億円以下のもの	6万円
5億円を超え10億円以下のもの	16万円
10億円を超え50億円以下のもの	32万円
50億円を超えるもの	48万円

参考 印紙税（国税庁：https://www.nta.go.jp/taxanswer/inshi/inshi31.htm）

しないと、たとえ固定資産税などの税金を負担していたとしても「ここは自分の土地だ」と第三者に自分の土地であることを主張することができません。

売主が二重譲渡をして第三者に譲渡し、その第三者が先に登記をすると、あなたは権利を失います。でも登記をしていれば、第三者に所有権を対抗することができ、権利を失う危険が生じません。

極端な例を挙げると、売主が二重譲渡をしてもう一人の買主に登記をすると、あなたは権利を失います。でも登記をしていれば、第三者にきちんと対抗することができるようになります。これが「**第三者対抗要件**」です。多少お金がかかっても、登記をしないと大変なことになってしまうかもしれないので、不動産は登記しておくべきです。この「**登記を行うときにかかる税金が不動産登録免許税**」です。

ここからの税額の話は少し難しい話になるので、1回読み終えたあとにまた戻ってきて何度も読んでください。

「**税額は、土地、建物ともに課税標準額（固定資産課税台帳に登録された価格）の2%が原則**」ですが、令和3年3月31日までは、租税特別措置法によって土地は1・5%になっています。また、マンションの土地の価格を求める場合には、まず、課税標準額に敷地権割合を掛けて、1000円未満を切り捨てて、そこに対しての1・5%となります。

たとえば、課税標準額に基づき計算した価格が900万円（内訳は土地が600万円、建物が300万円）の区分所有マンションを購入した場合の登録免許税は、次のような計算に基づき

15万円になります。

土地：600万円×1.5％＝9万円
建物：300万円×2.0％＝6万円
計 15万円

5

④ 不動産登記手数料

「**不動産登記手数料は、不動産の登記をしてもらうのに司法書士に支払う手数料**」のことです。以前は統一の報酬基準が定められていましたが、現在は自由となり司法書士によって報酬にやや開きがあります。不動産業者が紹介してくれる司法書士もいいですが、ネットで探してみるのもひとつの方法です。

日本司法書士会連合会のサイトに司法書士の報酬の目安（**http://www.shiho-shoshi.or.jp/consulting/remuneration.html**）が載っているので、参考にしてください。

抵当権の設定を行うとプラスで費用が加算されます。

6 ⑤固定資産・都市計画税（日割り）

不動産には、固定資産税と都市計画税という税金がかかります。「毎年1月1日に土地や家屋の固定資産を所有している人に市町村が課す税金」です。

これらの税金は、1月1日時点の所有者が1年間分の納税義務者となり、それを支払わなければなりません。しかし本来的には、不動産を購入した人が購入日から12月31日までの固定資産税などの税金を負担すべきであることから、日割り計算して契約時に清算するのが一般的です。つまり、日割り計算で買主の負担分を売主に支払い、売主が納税します。

7 ⑥不動産取得税

売買契約と残金決済が無事に終わり、不動産の引き渡しを受けて「払うものも払ったし、あとは賃料が入ってくるばかり」と喜んでいたころを見計らって手元に届くのが、不動産取得税の納税通知書です。

「**不動産を取得すると、原則として60日以内に、土地、家屋の所在地の都道府県税事務所に申告する**」ことになります。不動産を取得（所有権移転の登記）してからおおむね6カ月～1年後に納税通知書がくるので、「忘れたころにくる税金」といわれています。

税額は「**固定資産税評価額（課税標準額）に3％の税率を掛けます**」。本来の税率は4％ですが、住宅および宅地については令和3年3月31日まで3％に軽減されています。

令和3年3月31日までに宅地等（宅地および宅地評価された土地）を取得した場合は、取得した不動産の固定資産税評価額×2分の1を課税標準額とします。

不動産取得税
＝（土地固定資産税評価額）×2分の1×3％＋（建物固定資産税評価額）×3％

たとえば、900万円（固定資産税評価額）の区分所有マンションを購入（内訳は、「全体の敷地×持分」の土地評価額が600万円で建物が300万円）した場合の不動産取得税は、次のようになります。

土地：600万円×2分の1×3％＝9万円
建物：300万円×3％＝9万円
計 18万円

8

❼ 火災保険などの保険料

せっかく購入した大切な不動産なのに、賃借人（入居者）が火事を起こしたり、また縁起でもない話ですが賃借人が自殺したり、地震が起きて建物が損壊したりする可能性だってまったくないとはいえません。そんなとき、保険に入っていると保険金でカバーすることができます。いつ何時何が起きるかわかりませんから、不動産には必ず火災保険をかけるようにしてください。

● 投資用不動産を所有したらかける保険

● 火災保険

● 建物についての保険

・**施設賠償責任保険**：所有している建物の保守、管理に関する賠償事故が補償される。施設が原因で事故が起こり、オーナーが法律上の賠償責任を問われた際に使用できる

例 専有部分での給水管破損などは、建物オーナーの責任になる場合がある

・**家賃収入特約**：火災・破裂爆発・風災などの事故により建物が損害を受けた結果生じた家賃の損失を補償してくれる

・**家主費用特約**：賃貸住宅内での死亡事故（自殺・犯罪死・孤独死）によりオーナーが被

る家賃収入の損失や清掃・改装・遺品整理にかかる費用が補償される

・**地震保険**：火災保険とセットで加入する。火災保険だけの加入では「地震が原因で火事」になった場合は補償されないので注意が必要

など

入ると安心な保険特約「建物電気的・機械的事故特約」

ほかにも、火災保険に付帯できる「建物電気的・機械的事故特約」という特約があります。この特約は、給湯設備や床暖房、エアコン・換気扇などの建物付属機械設備の電気的・機械的事故（故障）による損害を補償するもので、入っておくと安心です。

給湯設備などがショート、スパークなどの過電流により故障したり、機械の内的要因で壊れた場合、交換や修理にはかなりの金額がかかります。1Kのマンションの1年間分の賃料が出ていってしまうことも稀ではありません。そんなとき、この保険に入っていると保険金で修理もしくは交換することができます。

あまり知られていないようですが、入って安心なのがこの特約なのです。ただし経年劣化による故障損害や消耗部品自体は適用されないので注意が必要です。

02 毎年かかる経費と毎月かかる経費

1 新しければ新しいほど経費はかからない

不動産を所有すると毎年かかる経費と毎月かかる経費があります。この経費をいかに抑えることができるかによって、毎月のキャッシュフロー（お金の流れ）に大きな差が出てきます。勝ち組大家さんにとっては、ここが腕の見せどころともいえる部分です。

毎年かかる経費には次の2つがあります。

❶ **固定資産税などの税金**
❷ **火災保険料**

そして毎月かかる経費は次の3つです。

❸ 管理費
❹ 修繕積立金
❺ PMフィー

そのほか、入居者が退去したときにかかる経費があります。

❻ 入替時のリフォーム費用
❼ テナント募集費

これらの経費は、築年数や不動産の種類（区分所有マンション、1棟のマンション、アパート、店舗、事務所）によって異なりますが、年間賃料の合計の10～30％とやや開きがあります。「**築年数が新しいほど経費は少なく、新築当初なら10％を切る物件も**」あります。

逆にいうと、建物が古ければ古いほど修繕などにお金がかかり経費も大きくなるということです。

経費ってこんなに
いろいろかかるのね。

大丈夫！
どんな経費があるのか説明しながら、ちゃんと経費削減方法もお話ししますね。

2 ❶固定資産税などの税金＋❷火災保険料

固定資産税、都市計画税および火災保険料の詳細については、すでに2限目01でお話ししたとおりですが、これらの経費は毎年かかってくるものです。

火災保険の支払い方法による経費削減のためのワンポイント

火災保険は基本的に契約期間が長期であればあるほど、また一括で支払うほうが割引されてお得になります。将来の転売のことも考慮しても、できるだけ長期で契約したほうがメリットが出ます。

長期契約をしたあと売却することになり、火災保険を解約した場合にはどうなるのでしょうか？　このようなときは、経過期間に応じてお金が戻ってきます。なお保険会社によって解約返戻金《かいやくへんれいきん》の計算方法が異なり、戻ってくる金額が違います。

火災保険は金額が大きくなるため、一括で保険料を支払うのはちょっと厳しいという場合には、割引率は低くなりますが、❶の保険期間5年までなら「長期年払い」という方法もあります。「**長期年払いは、保険期間を5年までの長期で設定しますが、保険料の支払いは年払いとする**」ものです。

❷の6～10年の場合は、一括払いのみとなります。

❶ 保険期間5年までの契約
❷ 保険期間が6～10年までの契約

以前は最長36年まで契約期間がありましたが、２０１５年より主に次のような理由から最長10年までになりました。

● 台風やゲリラ豪雨などが多発し自然災害の将来予測がつかなくなったこと
● 消費税率改定を含む中長期的な物価変動（上昇）リスクが増加していること
● 全国的に老朽化住宅が増えて給排水管の水漏れ事故が増えているから

今後も契約期間が短くなったり保険料の見直しの可能性もあるので、今のうちにできるだけ長い契約に入っておくことをお勧めします。

3 ❸ 管理費

管理費は、エレベーターの点検、共用部分の清掃、管理人の窓口業務など、毎日の日常的な業務にかかる費用のことです。清掃に、水・電気を使用すれば水道光熱費も別途かかります。管理費は、築年数が古いほど費用が大きくなります。

区分所有マンションの場合は、「管理費」「修繕積立金」という項目で毎月各部屋の所有者から徴収し、受託業者に支払う形になります。この場合は金額が最初から決まっているので、管理組合で受託業者を変えないかぎりコスト削減は難しいところです。

1棟の建物（アパートやマンション）の場合は、受託業者によって金額がかなり違ってきます。安かろう悪かろうで、安くて管理がずさんでは意味がありませんが、安くても良質なサービスを提供している受託業者もあるので、ネットや大家さんのコミュニティなどでそういう受託業者を探し出したり、教えてもらうようにします。

相見積もりによる経費削減のためのワンポイント

1棟の建物の場合は、業者によって管理費の額がかなり違ってきます。ネットや口コミなどで情報を収集し、経費削減に努めます。必ず複数の業者に見積もりを依頼することも忘れないようにしましょう。

区分所有マンションの場合は、管理組合で受託業者を変えることにトライするのも経験になっておもしろいです。

4 ④修繕積立金

修繕積立金は、「**外壁の補修、屋上の防水工事、建物診断など、建物を長期的に維持するために**

使われる費用のこと」です。ただし区分所有マンションの場合は、管理費同様、毎月強制的に徴収されるのでいくらにするかなど考える必要はありません。初心者は区分所有マンションを選びましょうとアドバイスしている理由のひとつがこれです。

同じ築年数でも、きれいなマンションと汚いマンションがあるのはなぜ？

さて、同じ築年数のマンションでも、あるマンションはまだ新築同様にきれいなのに、あるマンションの外壁は薄汚れ、タイルもはがれて、相当年月が建った建物に見えるものもあります。

この違いはなぜ起きるのでしょうか？

それは大規模な修繕や中規模な修繕をこまめにやっているかどうかによります。建物は年月が経つにつれ古くなっていくものですから、計画的な大規模修繕とこまめな修繕が必要です。区分所有マンションではすでに説明したとおり、強制的に修繕積立金が毎月徴収されますが、マンションによっては積立額が不十分な場合もあります。この場合は将来のマンション価値が下がると考えられます。それを見分けるには「**重要事項に係る調査報告書**」というものをチェックする必要があります。詳しくは5限目03を参照してください。

また1棟の建物を所有した場合は、自分で修繕積立金をプールしておく必要があります。ちなみに「**自分で大規模修繕の費用を積み立てる場合の積立金額は、建物価格の0・5%から1%程度**」です。これらの額を毎年積み立てる必要があります。なお区分所有の修繕積立金は、建物が古くなるにしたがって段階的に上がっていくケースが多いようです。

1棟の建物の積立金額はどうやって計算するの？

先ほど、「大規模修繕の費用を積み立てる場合の積立金額は、建物価格の0・5％から1％です」とお話ししましたが、この場合の建物価格というのは、今新築したらどれくらいの建築費がかかるか？　という考え方をします。たとえば、今アパートを新築すると5000万円かかるとしたら、毎年積み立てておく金額は5000万円×1％＝50万円となります。毎年50万円を銀行に貯蓄して、10年に1度は建物の外壁を塗りなおしたり屋上の防水工事などをします。

「**建物はしっかりとメンテナンスするかしないかで、耐久性や見栄えが大きく異なる**」ものです。空室リスクを回避するためにも、計画的に修繕費を積み立ててメンテナンスを実施しましょう。

5 ⑤PMフィー

「**PMはプロパティーマネジメントの略で、賃貸物件の管理のこと**」です。PMフィーは管理料のことで、管理は通常、不動産業者が行います。

管理内容は不動産業者によって異なりますが、標準的な業務は次のようなイメージになります。

Ⓐ 入居者募集条件の設定、募集図面の作成、入居者の募集業務

B 賃料などの集金業務、滞納督促業務
C 入居者のクレーム処理、設備の修繕などの窓口と手配
D 契約更新業務、入居者退出時業務

次にこれらの内容をもう少し細かく見ていきます。

A 入居者募集条件の設定、募集図面の作成、入居者の募集業務

新たに入居者を募集する場合は、まず賃料、敷金、礼金などの条件を決めなければなりません。周辺相場を調査し、その不動産物件の方位、階数、間取り、使いやすさなどから賃料を設定して、貸主（物件のオーナー）に提案してくれます。

条件が決まったら下図のような募集図面を作成し、アットホーム（**http://www.athome.co.jp/**）やスーモ（**http://suumo.jp/**）といった不動産情報サイトやレインズおよび自社のホームページなどに掲載して、

● **募集図面サンプル**

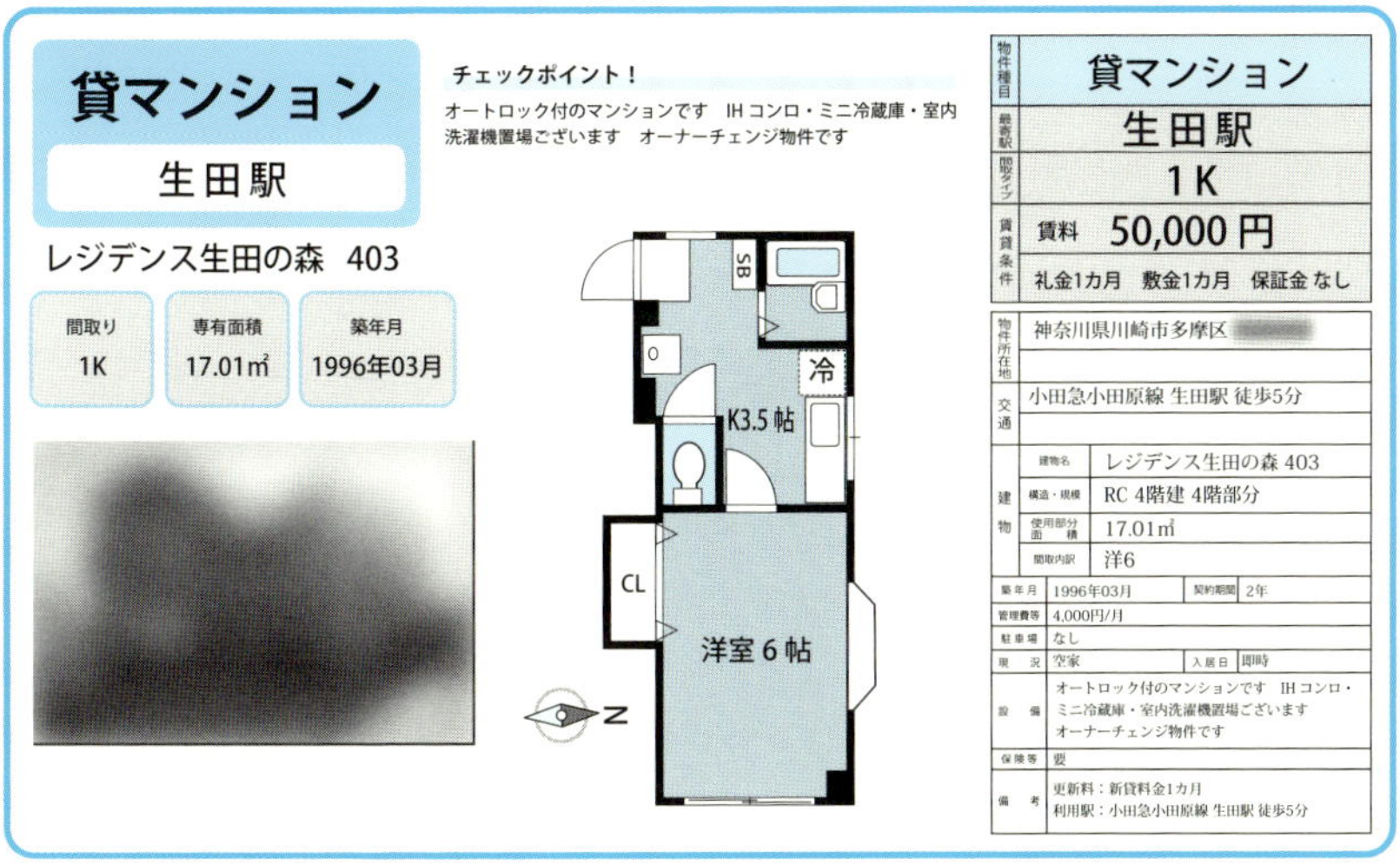

入居者を募集してくれます。また入居者の審査代行もやってくれます。

B 賃料などの集金業務、滞納督促業務

入居者から毎月の賃料を集金し（振込または引き落とし）、そこからPMフィーなどを引いて貸主に振り込みます。このとき賃料が振り込まれていない（引き落としができない）入居者に対しては、督促も行います。

C 入居者のクレーム処理、設備の修繕などの窓口と手配

「隣の部屋の人が夜遅く帰ってきて洗濯機を回す音がうるさい」「下の階の人がベランダでたばこを吸ってその煙が臭い」「ペットを飼っているのではないか？」など、入居者同士のトラブルやクレームは意外と多いものです。それらを調整し、処理をしてくれます。また、クーラーや給湯器などの設備機器が故障したときは、その窓口になって修繕の手配をしてくれます。

D 契約更新業務、入居者退出時業務

居住用の場合の契約期間は通常2年です。入居から2年経つ前に、入居者に契約更新または退去の意思を確認して、更新をする場合には更新手続きを、退去の場合には退去手続きと新規の入居者の募集の対応をしてくれます。更新の場合には、賃料の見直し、連帯保証人の再確認もこのときにしてくれます。

通常の更新手続きが行われなかった場合の更新には「法定更新」と「自動更新」がある

特段の更新手続きが行われなかったときは、従前の契約と同一条件で更新されたものと見なされます。これが「法定更新」です。法定更新の場合は、その後は期間の定めのない契約となります。期間の定めのない契約はいつでも解約の申し入れをすることができることになっていますが、貸主からの解約には「正当事由」などの要件が必要になります。

当初の契約で更新する旨をあらかじめ約束する更新の方法が「自動更新」です。

入居者が退去する場合の手続き

入居者が退去するときは、次のような細々とした清算業務が必要となります。

- 退去申込の受付
- 電気・水道・ガス代の清算確認
- 退去立ちあい、清掃・ごみ処理の確認、室内外の点検、鍵の受理
- 畳・襖・床などの不良個所の修理手配
- 敷金の清算業務
- 原状回復工事手配

敷金の清算に関しては、経年変化（通常に使用していて劣化したもの）の部分は貸主負担、借主が故意または不注意により破損させた場合は借主負担など、契約や法律にしたがって清算します。

不動産会社を徹底比較することで経費削減につながる

ＰＭフィーは不動産業者によって金額が違いますがおおむね「**賃料の3～5％くらいが相場**」です。ひと部屋いくらという設定をしている不動産業者もあり、1棟のアパートやマンションのように規模がまとまっていると割引がきくこともあります。

不動産業者の徹底比較が最も経費削減につながります。ただし、「**維持管理費の経費削減同様、安かろう悪かろうでは先が思いやられるので注意が必要**」です。

自主管理って素人でもできるの？

区分所有マンションはもちろんのこと、1棟の建物も自分で管理すると大きく経費削減になります。毎月のＰＭフィーだけではなく不定期に生じる経費、たとえばリフォーム費用などは管理会社がリフォーム業者から紹介料をもらっている場合も多いので、自分で発注するとかなり節約できる部分です。特に区分所有マンション1戸の場合は、マンションに管理人が常駐していたり、設備の修繕などは電話1本で終わることも多いので、自分で行うことも十分可能です。ネットで安くリフォームしてくれる会社を探すのもひとつの方法です。

7棟、100戸の不動産を所有している専業大家さんのKさんは、すべて自主管理をしています。100戸もあったら管理が大変ではないのかと思われますが、Kさんは「大変なのは新たに購入した最初の1カ月間で、あとはぜんぜん大変じゃない。入居者には携帯の番号を教えてあるので直接電話がかかってくるが、クレームも1カ月に2〜3回くらいしかきませんよ。クレームだけではなく入居者の悩みなども聞けるので、事故防止にも役立っていると思う」と楽しそうに答えます。

Kさんはあくまでも専業大家さんですから、これが仕事です。最初のワンルームから自主管理は大変だと思います。ましてやサラリーマンの副業ではじめるとしたら、絶対にお勧めしません。先々、もしできそうならやってみよう程度に覚えておいてください。

自主管理が上手くいく秘訣は、次のようになります。

- **何かあったときにすぐに物件まで行けるように近くの不動産である**
- **電気機器などの故障にすぐ対応できる体制が整えられる（区分所有マンションの場合は、管理規約などに緊急時の管理会社の電話番号が載っている）**
- **入居者が退去したあとの募集をお願いできる不動産会社を2〜3社準備してある**

Episode 2

管理会社の選び方

管理会社を選ぶ際、どういった会社を選んだらいいのでしょうか？

購入した不動産会社が管理業務もやっている場合

はじめての不動産購入であれば、購入した不動産会社が管理業務もやっているのなら、お付きあいも兼ねてそのままお願いしてしまうのが安心です。前所有者もその不動産会社に頼んでいたのなら、管理会社から管理会社への鍵の受け渡しも必要ないので、そのまま引き継いでお願いするのが１番スムーズにいきます。

管理会社を変えたい場合

また管理会社を変えたい場合は、地元の管理会社にするか大手の管理会社にするかの問題があります。これは好みの問題ですが、地元の管理会社は物件まで近いので、何か緊急に対応しなければいけないときや、空室になったとき、物件の案内など機敏に対応してくれます。地元で老舗の不動産業者で、なおかつ大手フランチャイズに加入している会社などはお勧めです。

お得なケースもある

不動産会社が毎月のＰＭフィーを取らないで、ある程度のサービスをしてくれるというケースです。どういうことかというと、専任で入居者募集を頼むことを条件に、退去のときの敷金の清算や入居中のトラブル（水漏れなど）に対応してくれるのです。不動産会社には、新しい入居者が決まったときの手数料、更新時の更新料、リフォーム業者を紹介した場合の紹介料が入ります。賃料徴収業務はしないので手数料が発生せず、賃料は入居者から貸主に直接入ります。ただし入居者が賃料を滞納したときは、ちゃんと催促もしてくれます。自主管理ではないけれど毎月のＰＭフィーが発生しないので、貸主にとってはとてもお得です。

管理会社は、次のいずれかに頼みます。
- 前所有者が頼んでいた会社
- 地元の不動産会社（老舗で大手フランチャイズに加入している会社はお勧め）
- 大手の管理会社

ＰＭフィーを取らないで管理をやってくれる不動産会社だと超お得！　そういう不動産会社は、仲介手数料、更新料、リフォーム会社の紹介料などで収益を得ているのです（95頁も参照してください）。

3時限目

不動産投資で成功するための3つのシンプルステップ

次のたった3つのことを理解するだけで、あなたも成功大家さんになれます！

1. 物件の選び方
2. 毎月のキャッシュをいかに残すか
3. 5年後は売却も視野に

01 不動産投資で失敗する人、しない人

1 なぜ不動産投資で失敗するのか？

先入観で、不動産投資って失敗しないの？　とか、怖くないの？　って思っていませんか。それはなぜでしょうか？

ひとつは勉強不足のせいであり、物件選びに失敗してしまったせいであり、そして適切にアドバイスをしてくれる指導者がいないせいでもあります。1番よくある失敗例は、「不動産投資は節税対策になりますよ」「会社員の人は年収の10倍まで銀行が融資してくれますから、どんどん資産を増やしましょう」「今がお買い得です。今この物件を購入しないと、もう2度とこんないい物件に巡りあえないですよ」という不動産の営業マンの営業トークに乗せられて勢いで買ってしまうことです。自分の資金力以上の買い物をしてしまえば、ちょっとしたことで支払えなくなることがあります。**「不動産投資で失敗してしまう大きな原因は、〝自分の身の丈以上の投資をする〟こ**

と」なのです。

2 不動産投資の常識、非常識

不動産投資の常識って何ですか？

- 利回りはできるだけ高いものを買う
- ローンを活用して少ない自己資金で効率のいい投資をする
- 地震対策のために物件を全国各地に分散させる

こういう話を聞いたことがありませんか？　これが不動産投資の常識だといわれることもありますが、本当でしょうか？

- 利回りが高いということが最優先？　⇓　4時限目01参照
- 少ない自己資金で効率のいい投資ができる？　⇓　次頁参照
- 自分が住んだことも土地勘もない場所に不動産を購入することのほうがリスクにならないの？　⇓　89頁、227頁参照ちまたでいわれている不動産投資の常識は、成功大家さんから見ると非常識である場合も多いことを覚えておいてください。

成功大家さんもワンルームマンションの電話営業で泣いた

あなたは成功大家さんは最初から不動産投資で成功したと思いますか？

今までたくさんの成功大家さんに会って話を聞いてきてわかったことは、「**ほとんどの大家さんが最初の1件目は失敗している**」ということです。また失敗例で1番多いのが「**〝ワンルームマンション投資をしませんか〟という、よくある電話営業で購入してしまったケース**」です。何気なく買ってしまったワンルームマンション、だけど実際所有してみたらまったく儲からない、それどころか毎月赤字。ここではじめて「これではいけない。ちゃんと勉強しよう」と目が覚めるのです。そこからはじまる不動産投資の勉強の日々。本を読む。ネットで物件を探す。不動産屋さんにコンタクトを取る。不動産投資セミナーに出る。必死に勉強して真剣に行動した結果、2件目からは物件選びに成功し、利益が出る

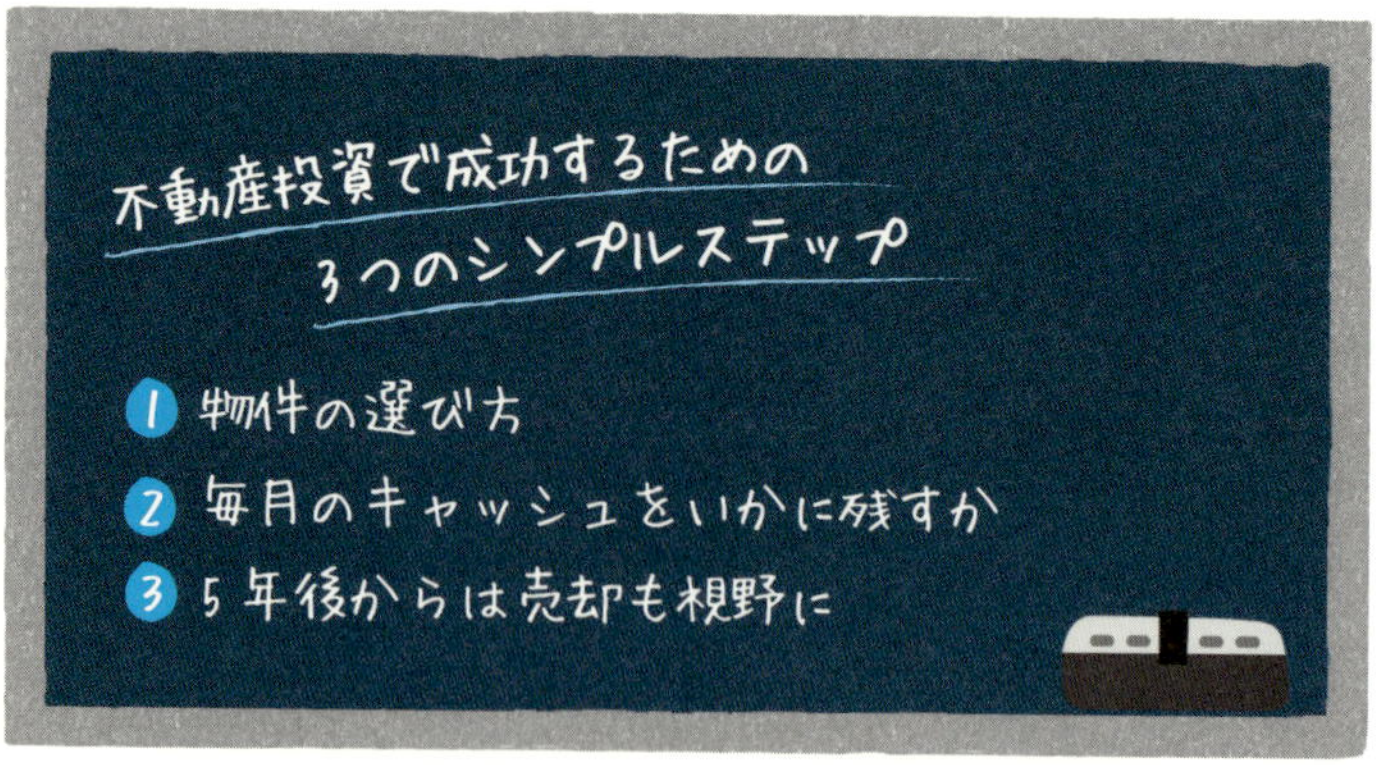

不動産投資で成功するための
3つのシンプルステップ
1 物件の選び方
2 毎月のキャッシュをいかに残すか
3 5年後からは売却も視野に

成功大家さんへと成長するのです。

ここで、なぜ電話営業によるワンルームマンションでは利益が出ないのか、実際の例を見てみましょう。

なぜ電話営業のワンルームでは利益が出ないのか？

あなたも経験がありませんか？　自宅や会社にかかってくるワンルームマンション投資営業の面倒な電話。

それでは実際に勧められたマンションの事例を使って、なぜ利益が出ないのかを紐解いてみます。

物件は、東京都目黒区の新築のマンションでした。総戸数52戸。専有面積は22㎡。価格は2000万円で表面利回りが5・2％という物件です。この物件を頭金なし、金利2・5％の変動金利、35年ローンで購入できるという営業トークでした。簡単にするため手数料などは考えません。実際は仲介手数料などが7％程度余計にかかります。この条件でシミュレーションをしたのが下の表です。管理費、修繕積立金、固定資産税、都市計画税、PMフィーおよび空室率をすべてひつくるめて賃料収入の15％程度と査定しました。

● 電話営業で購入したワンルームマンションのシミュレーション

期間	不動産収入	変動率	不動産支出	経費率	不動産収支	元利返済額	税引前キャッシュフロー	月額
当初	104万円	−	15万6,000円	15%	88万4,000円	86万4,112円	−	−
1年目	104万円	0%	15万6,000円	15%	88万4,000円	86万4,112円	1万9,888円	1,657円
2年目	104万円	0%	15万6,000円	15%	88万4,000円	86万4,112円	1万9,888円	1,657円
3年目	104万円	0%	15万6,000円	15%	88万4,000円	86万4,112円	1万9,888円	1,657円
4年目	104万円	0%	15万6,000円	15%	88万4,000円	86万4,112円	1万9,888円	1,657円
5年目	104万円	0%	15万6,000円	15%	88万4,000円	86万4,112円	1万9,888円	1,657円
6年目	104万円	0%	15万6,000円	15%	88万4,000円	86万4,112円	1万9,888円	1,657円
7年目	104万円	0%	15万6,000円	15%	88万4,000円	86万4,112円	1万9,888円	1,657円
8年目	104万円	0%	15万6,000円	15%	88万4,000円	86万4,112円	1万9,888円	1,657円
9年目	104万円	0%	15万6,000円	15%	88万4,000円	86万4,112円	1万9,888円	1,657円
10年目	104万円	0%	15万6,000円	15%	88万4,000円	86万4,112円	1万9,888円	1,657円

（次頁に続く）

10年目までの税引き前のキャッシュフローは、1年間でなんと2万円弱です。

※減価償却費という実際には出ていかない費用をここでは考慮していません。減価償却費を考慮すると、最初の10年間はもっと収支がよくなります（詳しくは1時限目02参照）。

また、10年以降は管理費などが大規模修繕などに伴い値上がりすると予測されるため、経費が大きくなります。それに反して賃料は同額もしくは値下がりする可能性すらあります。それを考慮すると、一気に赤字に転落するのです。賃料が3%値下がりし、経費率が15%から20%に上昇すると、下表のようなシミュレーションとなり、さらに20年目以降はもっと経費が大きくなるのでマイナスの額もさらに大きくなります。

わかりましたか？　これが電話営業で「**会社員は給料から天引きされていた所得税を赤字の分だけ取り戻すことができますよ**」というワンルームマンション投資の常套句で騙された現実です。

建物の経費というのは最初の10年はほとんどかかりませんが、年数が経つにつれて増えていくのです。したがってシミ

● 電話営業で購入したワンルームマンションのシミュレーション（続き）

期間	不動産収入	変動率	不動産支出	経費率	不動産収支	元利返済額	税引前キャッシュフロー	月額
11年目	100万8,800円	-3%	20万1,760円	20%	80万7,040円	86万4,112円	-5万7,072円	-4,756円
12年目	100万8,800円	0%	20万1,760円	20%	80万7,040円	86万4,112円	-5万7,072円	-4,756円
13年目	100万8,800円	0%	20万1,760円	20%	80万7,040円	86万4,112円	-5万7,072円	-4,756円
14年目	100万8,800円	0%	20万1,760円	20%	80万7,040円	86万4,112円	-5万7,072円	-4,756円
15年目	100万8,800円	0%	20万1,760円	20%	80万7,040円	86万4,112円	-5万7,072円	-4,756円
16年目	100万8,800円	0%	20万1,760円	20%	80万7,040円	86万4,112円	-5万7,072円	-4,756円
17年目	100万8,800円	0%	20万1,760円	20%	80万7,040円	86万4,112円	-5万7,072円	-4,756円
18年目	100万8,800円	0%	20万1,760円	20%	80万7,040円	86万4,112円	-5万7,072円	-4,756円
19年目	100万8,800円	0%	20万1,760円	20%	80万7,040円	86万4,112円	-5万7,072円	-4,756円
20年目	100万8,800円	0%	20万1,760円	20%	80万7,040円	86万4,112円	-5万7,072円	-4,756円

※ ローンの金利は年利で計算しています。新築のため、経費率は低めに設定しています。

ュレーションをする場合は経費が大きくなるように設定する必要があります。

また、販売価格に営業マンの利益を上乗せしているから価格が割高だったり、営業マンによって値下げの幅が違うといった悪徳ワンルーム不動産業者の話をよく聞きます。

ほかにも以前問題になったのが「**デート商法**」による販売です。最近は女性がターゲットになることも多いようです。ＳＮＳで知り合った男性と数回デートしたあとに、投資用マンションの購入を進められ購入してしまうといった被害が出ています。

ワンルームマンション投資営業マンに騙されないようにするのは簡単です。自分でシミュレーションができるようになればいいのです。簡単に**Excel**でシミュレーションできる「不動産投資成功シート」を読者特典としてダウンロードできるようにしてあるので活用してください（**http://www.asaibook.com/**）。

3 不動産投資で成功するための3つの掟

さてここからが本番です。不動産投資で成功するためには、不動産投資の経験がなくても、知識が少なくても、それほど資金がなくても、実は大丈夫なんです！

あなたも立派な不動産投資家になれるように、次節からお話しする「不動産投資で成功するための３つの掟」をしっかりマスターしてください。

02

物件の選びかた
～初心者はどんな物件を選ぶべきか？～

1 すべてを学ぶ気持ちで、小さな物件からはじめる

不動産投資にかぎらず、何だってはじめてトライすることは、わからないことばかりです。今まで経験したことがないのですから、わからなくてあたりまえです。これから不動産投資をはじめる人は、まずは練習をするつもりで、小さな小さな金額の物件からはじめてみましょう。「**物件選びから契約、賃貸運営、そしてできれば売却まで、一連の手順を経験して、あれこれ十分に学んだら、さらに大きな物件を取得する段階に進む**」ことが成功投資家になれる1番の近道です。

何事も最初は小さく、そして徐々に大きくしていくのが成功への鉄則です。

2 区分所有マンションからはじめる理由

投資目的で購入する不動産にはいろいろな種類があります。それらを書き出してみると、大きく次の6種類になります。

1. **区分所有のマンション**
2. **1棟のマンション**
3. **1棟のアパート**
4. **駐車場**
5. **事務所ビル**
6. **店舗ビル**

ほかにもこれらが入り混じった、店舗つきマンションや店舗兼事務所ビルなどもあります。

この中から投資初心者が最初に選ぶべき物件は、「**区分所有マンション**」です。2時限目で少し触れましたが、「**なぜ区分所有マンションが初心者向きかというと、管理が楽だから**」です。毎月、管理費と修繕積立金さえ支払ってしまえば、建物に関してはあとはもう何もすることはありません。廊下の清掃やごみ出しもすべてやってもらえます。あなたは貸している部屋のことだけを考えればいいのです。

また「物件が豊富に市場に出ている」こと、これも初心者が選ぶべきポイントになります。物件情報はネットで開示しているので、誰でも自分のほしい地域に予算内で思い描いていた物件を探すことができます。ところが、1棟建てのマンションやアパートの場合は、市場にあまり出てこないのが特徴です。なぜなら表に出てきた物件はうちうちで決まらない「魅力がないもの」というイメージが業界内、買主側にあるからです。1棟建ては業者間や知りあいでこっそりと決まってしまう場合が多いのです。つまり、あなたが見つけた1棟建ての物件は、実はプロも上級者もやりすごした物件ということなのです。

3 掟❶ 部屋のタイプが大切

区分所有マンションを選ぶ際に、もうひとつ大切な点があります。それは部屋のタイプです。部屋のタイプには単身者向けの1Kやワンルームのほか、ファミリー向けの2DK、3LDKといったマンションがあります。では、この中で初心者が手を出すのに1番向いているタイプはどれだと思いますか？

答えは1K、ワンルームマンションです。その理由は、部屋の広さと賃料の関係にあります。たとえば20㎡の1Kを7万円で貸しているとします。これが40㎡の2DKになり、広さが2倍になったからといって賃料も2倍の14万円になるとはかぎりません。部屋の大きさが広くなればなるほど、今度は賃料は割安になるのが一般的です。つまり、20m^2の1Kが7万円だとしたら、40m^2の2DKは10万〜12万円程度です。このことから、1番初心者向きなのは、効率がよく単価の高い1K、ワンルームマンションだといえるのです。

1K、2DK、3LDKってそもそもどういう意味？

なんとなく使っている言葉ですが、意外とあやふやなのがこのKやDK、LDKです。

Kはキッチン、Dはダイニング、Lはリビングの意味です。

3LDKなら部屋が3つと、部屋のほかにリビングダイニングキッチンがついているということになります。1Kは部屋が1つにキッチンがついていて、2DKは部屋が2つにダイニングキッチンがついていることになります。

大きさで分けると「K」は2〜4帖、「DK」は4〜8帖、「LDK」は8帖以上となります。

DKなのかLDKなのか、ちょっと微妙な部屋もありますが、おおよそこんな風に決まっています。

ちなみにワンルームはひとつの部屋の中にキッチンがついてい

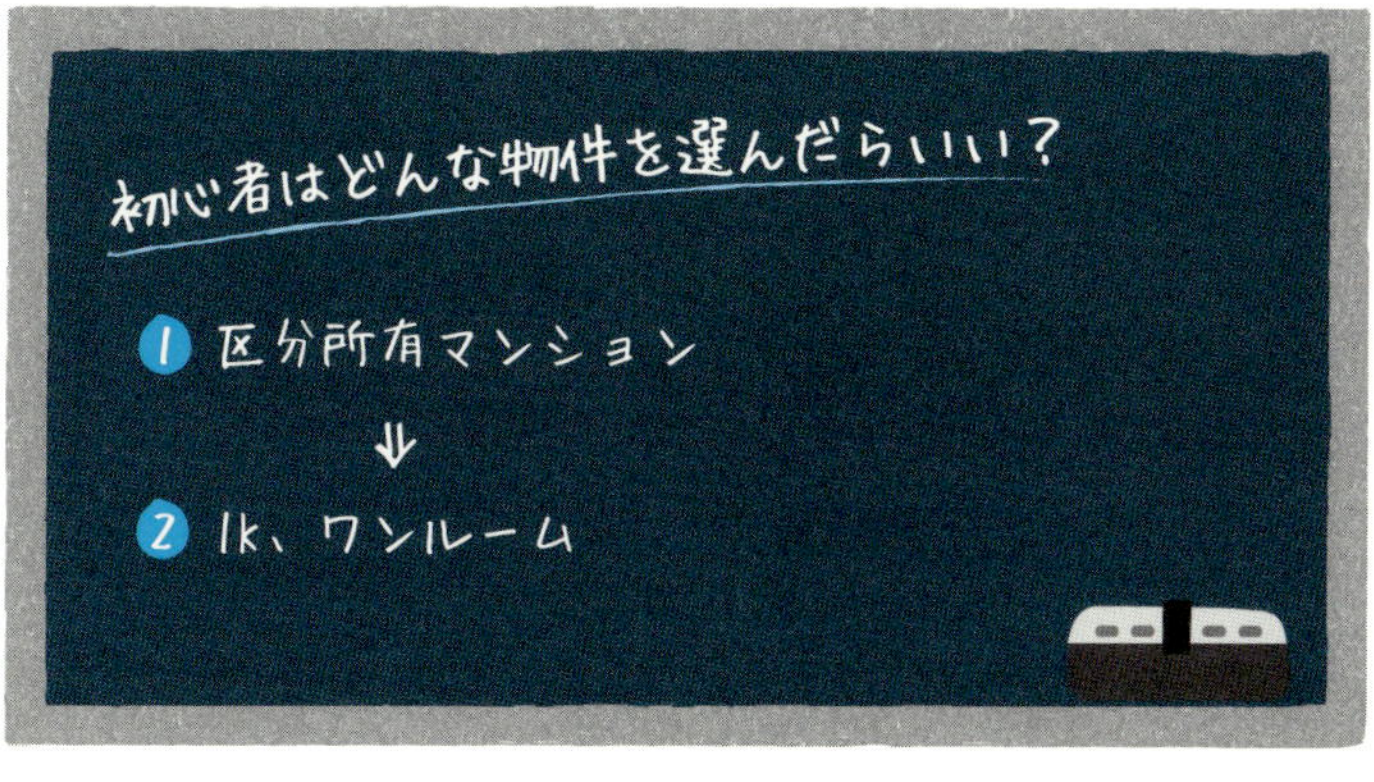
初心者はどんな物件を選んだらいい？
1 区分所有マンション
2 1K、ワンルーム

る（キッチンが独立していない）部屋のことです。最近はワンルームよりもキッチンが別になっている1Kが主流になっています。

4 掟② 小さな額の不動産を現金購入する

先にお話ししたように、何事も最初は小さく、そして徐々に大きくしていくのが成功する投資家への1番の近道です。そして不動産投資のリスクをかぎりなく小さくすることです。そのため、最初のステップとしては、「**小さな額の不動産を現金購入すること**」をお勧めします。

では、不動産投資の失敗事例を挙げてみます。

❶入居者が退去したあと、次の入居者がなかなか決まらない
❷賃料が入らないのでローンが払えない
❸ローンが払えなくなったため売却したいが、売却してもローンが残ってしまう。もしくは売却ができない。

こういった悩みを抱えた投資家は、本当にたくさんいます。ほ

KDLの意味

略称	名称	大きさ
K	キッチン	2〜4帖
DK	ダイニングキッチン	4〜8帖
LDK	リビングダイニングキッチン	8帖〜

とんどが、めいっぱいローンを組んで物件を購入した人です。
では、現金で購入していたらどうでしょうか？

❶ 借主が退去したあと、次の入居者がなかなか決まらない
⇓ 少し家賃を下げてみよう、もしくは家賃は下げずに家具つきで貸し出そう
❷ 賃料が入らないのでローンが払えない
⇓ ローンがないから賃料が入らなくても平気（毎月の管理費、修繕積立金は持ち出しになります）
❸ 売却したいが、売却してもローンが残ってしまう
⇓ ローンがないからじっくりと売却の時期を検討できる

どうですか？「**現金で購入すると、それだけでかなりの失敗要因がなくなります**」。これが、初心者に現金購入を勧める大きな理由です。

「現金を持っている人はいいけど、私そんなに貯金ないから」という人もいると思います。そういう人だって大丈夫です。区分所有のマンションなら、都心周辺でも２００万円台から物件があります。仲介手数料などの経費を考えても、３００万円程度の現金があればリスクの低い不動産投資がはじめられます。３００万円もないという人は、すみません。まずは３００万円を貯めましょう！

目標があると案外すぐに貯まるものです。その間に、この本でじっくりと不動産投資の勉強をすること、そしてネットなどで物件収集をしたり、実際に現地に行って物件を見る目を養う練習をしておきましょう。

5 掟③ 利回り12％以上をねらう！

最後に利回りについてです。ここでいう利回りは表面利回りのことをいいます。

表面利回りは12％以上の物件をねらう

※ 実質利回りは固定資産税などの経費を引くので2～4％前後小さくなります。

物件価格が200万円なら、年間の賃料収入が24万円以上ある物件を選びます。物件価格が500万円なら、年間の賃料収入が60万円以上ある物件を選ぶということです。

では、なぜ12％以上なのでしょうか？

それは経費や税金をすべて除き、空室などを考慮しても、手元に利益を残しやすい利回りだからです。利回りが5％程度しかないと、空室が続いたり設備の交換をすると赤字になってしまう可能性が高くなります。

また1棟の建物や戸建住宅だと、12％以上の利回り物件を探すのは、とても難しいのですが、区分所有のマンションなら、物件数が豊富にあるので、意外と簡単に探せます。

ただし、ここで気をつけなくてはいけないことがあります。それは利回りとリスクの関係です。ひと言でいうと、「**利回りが高いということはリスクが高い**」ということです。目先の利回りだけに惑わされてはいけません。実は、ここに大きな罠が隠されている可能性があります。

不動産でいう「リスクが高い」とはどんな物件?

それは、次のような物件のことです。

❶ いったん入居者が出ると、なかなか決まらない
❷ 転売しづらい
❸ 不動産価格や賃料が景気に左右されやすい

具体的な例でいうと、次のような不動産物件になります。

- **築年数が経っている不動産(1981年以前に建てられた不動産)**
- **ひと部屋が小さい不動産(1K14㎡など)**
- **建築基準法上の問題で建て替えのできない不動産(たとえば敷地が道路に2メートル以上接していない不動産は無道路地の扱いになり、建て替えはできません)**

● 賃貸が成り立たないような地域の不動産　● 事故物件

4時限目「失敗しない物件選びのための3つのステップ」でお話ししますが、こういった物件には注意しましょう。

コインパーキング、トランクルーム、貸コンテナの投資は本当にいい？

投資には建物の投資以外にもいろいろあります。コインパーキングなどの駐車場経営、トランクルーム、貸コンテナ、コインロッカー投資というのもあります。どの投資にもいえることですが、絶対に確認しなくてはいけないのは、「**その投資の実質利回りは何パーセントですか**」ということです。

たとえば実質利回りが20％なら空室リスクを考えても5年超で元本が回収できます。それ以降はすべて利益になるわけです。これが、実質利回り7％で空室リスクが10％だとすると、資金の回収ができるころは、トランクルームもコンテナも古くなって使い物にならないかもしれません。ここがすごく重要なのですが、最終的に元本も回収できずに、いらない資産だけが残る可能性もあるのです。

土地を借りて機械式の駐車場を経営する場合も同じです。実質利回り10％だとしても、元本を回収できるのは10年後です。10年後に資金を回収できるころに何が残っていますか？

土地は借りているので残らないのに、メンテナンスにお金がかかる機械だけが残っている可能性もあるのです。ちなみに機械式駐車場の場合には、15年をすぎたころから保守点検に多額のお金がかかってきます。機械式駐車場の購入を検討する場合には、必ず「修繕計画表」を作成してみてください。シミュレーションしてみると、現物の不動産が残る不動産投資が1番安全な投資だということになります。

築古戸建《ちくふるこだて》は不動産投資に慣れてから

そのほか、「築古戸建」の投資も流行っています。築古戸建は値段が安く、場所のニーズがあるところだと面白いです。将来は更地にして売却してもよし、建て替えてもよしといった出口戦略が複数見込めるからです。また戸建の場合は、駅からの距離をあまり考慮しなくてもファミリーが入居するので長く借りてくれる可能性も高いです。ただし戸建は入居者が退去したあとのリフォーム費用に多額のお金がかかるなど、物件を選ぶ際の注意点がマンションよりもたくさんあるので、ある程度投資に慣れてから挑戦するのがお勧めです。

地震対策のために物件を全国各地に分散させることはいいの？

地震対策のためや高い利回りをねらって、住んだことも行ったこともない遠くの地方に、不動産会社に勧められるまま物件を購入する人がいます。何かあっても遠くて行けないということになってしまうので、初心者は手の届く範囲内（電車で2時間以内）で検討するようにしましょう。

03 経費を削減してキャッシュを残す方法

1 賃貸経営の基本を覚える

ここでは「01　不動産投資で失敗する人、しない人」でお話ししたような、理想の物件を実際に購入したあとの運営について見ていきます。

いくら理想の物件を購入できても、毎月のキャッシュが手元に残らないと成功大家さんとはいえません。まずは、賃貸経営の基本を覚えてください。

賃貸経営の基本：家賃収入 − 経費 ＝ 手取り収入

この手取り収入を増やすことが、不動産投資を成功させるためには必要です。手取り収入を増やすには次の2つの方法があります。

- 経費を削減する
- 家賃を上げる、もしくは空室をつくらない（次節参照）

2 経費を削減する方法

本書は、不動産投資の初心者が「区分所有マンション」を購入して、しっかり利益を生み出していくことを想定しているので、ここでは区分所有マンションの経費削減を中心にお話しします。ここで区分所有マンションの経費について、もう一度おさらいしておきましょう。区分所有マンションの経費は、次の5つでした。

❶ 管理費
❷ 修繕積立金
❸ 固定資産税、都市計画税
❹ 不動産会社（管理会社）に支払うPMフィー
❺ 保険料

基本的に、区分所有マンションは経費削減ができる項目が少なく、右記の「**経費の中で削減で**

きる項目は、〝❹不動産会社に支払うＰＭフィー〟と〝❺保険料〟の２つだけ」です。２限目02でお話ししたように「自主管理」という方法もあります。しかし、サラリーマン大家さんの場合、自主管理は負担が大きく現実的ではないかもしれません。

保険料の経費削減については、２限目の02ですでにお話ししたのでそちらをご覧ください。

3 ＰＭフィーをどのようにして削減するのか

ＰＭフィーは、お願いする管理会社（不動産会社）によって金額が違います。普通は「**入居者が毎月管理会社に振り込む家賃や管理費の総額の3～5％をＰＭフィーとして支払います**」が、「ひと部屋いくら」というしくみにしている管理会社もあります。安かろう悪かろうではダメですが、「**管理会社を変えることでＰＭフィーを削減することができます**」。

「物件を購入した不動産会社にそのまま管理をお願いする」というパターンもよくあります。この場合には購入とセットなので交渉によりＰＭフィーを安くしてもらえることもあります。また売主の不動産会社が管理している物件だと、貸主が変わるときに生じる煩雑な作業もスムーズにいくというメリットもあります。

大事なことなので、ここで簡単に「**管理会社の変更の時期**」についてまとめておきます。

4 管理会社を変更するタイミング

管理会社を変更するタイミングは、次の2つがあります。

❶ 購入予定の物件にすでに入居者がついていて、その状態で買う場合
❷ 入居者がいない空室の状態で買う場合

❶ 購入予定の物件にすでに入居者がついていて、その状態で買う場合

契約時にすでに入居者が住んでいること、つまり「**マンションの所有者が、入居者がついたままの状態で、その物件を売却することを〝オーナーチェンジ〟**」といいます。

オーナーチェンジの場合は、契約後の引き継ぎがスムーズにいくことを優先したいので、「**契約後数カ月間は管理会社を変えない**」ようにします。その後、もしその管理会社のサービスに不満を感じるようであれば、より安くてサービスのいい会社に変えるようにします。

❷ 入居者がいない空室の状態で買う場合

購入しようとしている物件が、現在空室で入居者を募集している状態なら、購入段階で管理会

社を変えることも可能です。

ただし、管理会社を無理に変えなくてはいけないということはないので、はじめての物件の場合、今の管理会社と親しくしながら、管理会社がどういうものか勉強してもいいでしょう。

管理会社を選ぶ際のポイント

では管理会社を変えるにしてもどんな管理会社を選べばいいのでしょうか？　いくらPMフィーが安くても、安かろう悪かろうでは本末転倒です。66頁の「PMフィー」で管理会社の仕事内容をお話ししましたが、これらの仕事をきちんとしてくれて、なおかつPMフィーが安いところを選ぶ必要があります。

ネットで「賃貸管理　○○（物件の所在地）」と検索するとたくさんの管理会社が出てくるので、比較してみましょう。

管理会社を選ぶ際のチェックポイントを挙げると下表のようになります。

● 管理会社を選ぶ際のチェックポイント

チェックポイント	チェックのしかた
その会社があなたの購入した物件の地域に強いかどうか	管理会社のサイトを見ると、「対応地域」として管理できる地域が掲載されているので、物件の所在する地域が対応地域に含まれている管理会社を選ぶ
空室になったら、すぐに新しい賃借人をつける集客力があるか？	大手広告サイトでの物件情報の掲載や、入居者募集看板の設置などで速やかに入居者斡旋をしてくれる会社であるかどうか。実際に広告を見てみて、どんな募集方法をしているかをチェックする
問いあわせをしたときの社員の対応は誠実か？　スピード感はあるか？	実際に電話をしたり、できれば会社を訪問してどんな対応をするのかをチェックする

管理会社を選ぶ際の注意点

1Kの区分所有マンションは賃料が安いので、必然的にPMフィーも安くなります。たとえば6万円の家賃のPMフィーは、3%なら1800円、5%でも3000円です。管理会社によってはまとまった数がないと管理を受けてくれないところもあります。

あなたが2戸、3戸と戸数を増やしていくと、管理会社も「ぜひ、うちに！」と対応が変わってきます。その場合は規模の原理で、PMフィーの料率も低くなることがあります。今回もし、「1戸だけだとうちでは受けられない」と断られたとしても、いい管理会社を見つけておくことは将来につながります。所有戸数が増えた将来のためにも、ぜひ挑戦しておいてください。

もちろん、**「購入した時点での管理会社がいい会社であれば、そのまま管理をお願いするのが1番スムーズ」**（72頁参照）です。

5 「管理会社」と「客づけ業者」の違いを知っておこう

これまで、「管理会社」という言葉を多く使用してきましたが、「管理会社」のほかに、「客付け業者」と呼ばれる会社もあります。この2つはどこが違うのでしょうか？　なお、**「管理会社は"元づけ業者"と呼ばれる」**こともあります。

「管理会社は、入居者募集から契約書の作成、賃料徴収業務、入居後のクレーム処理まですべてを行う不動産会社」のことです。

一方、「**客づけ業者は賃貸管理をしないで、お客様に賃貸物件を紹介して、成約したらもらえる〝仲介手数料〟だけを収益としている不動産会社**」のことです。

管理会社は自分のところだけではなかなか入居者を決められないので、通常は客づけ業者に手伝ってもらいます。手数料収入だけを収益源としている客づけ業者にがんばってもらうためには、入居者からもらえる仲介手数料のほかに、「広告企画料」などの名目で、さらに1カ月分ぐらい余分に出すことが最も効果的です。でも管理会社の収入が減ってしまうので、それをしたがらない管理会社が多いです。

不動産会社が受け取れる「仲介手数料」と「広告企画料」

賃貸借契約の場合は、宅建業法上、不動産会社が受け取ることのできる仲介手数料は賃料の1カ月分までとなります。毎月の賃料がたとえば10万円のときの仲介手数料の上限額は10万円（プラス消費税）です。不動産会社が貸主と借主の双方から仲介手数料を受け取る場合、貸主から半月分の手数料を受け取るなら、借主から受け取ることのできる手数料は半月分が上限となります。

実際は、借主から1カ月分の仲介手数料を、貸主から「広告企画料」などの名目で別途1カ月分もらって、客づけ業者と分けるパターンが多いです。

いい管理会社の探し方

経費削減の観点からすると、仲介手数料を取らない「**自分のところは毎月のＰＭフィーだけで**

いいですよというスタンスの会社がいい管理会社」だといえます。

ではそういう会社はどうやって見つけられるのでしょうか？

実際のところは、「**〝口コミ〟や〝紹介〟で見つけるのが一番確実**」です。どこで「口コミ」や「紹介」の情報を得ることができるのかというと、それは「**大家さんのコミュニティに入る**」ことです。最近は個人投資家の増加とともに、大家さん同士の勉強会やイベントがものすごく増えています。そういう会に出席してぜひ情報を集めましょう！　特に自分の住む地域や物件の所在する地域の会に入るのがいいですね。

たとえば、「**Facebook**」には次のようなコミュニティをはじめ、ほかにもたくさんの不動産投資のグループがあります。

- **築古不動産再生クラブ**
- **最近の不動産投資ってどうよ**
- **極上スイーツで不動産を語る会**

自分にあったグループを探して先輩大家さんから生の情報を得てください。

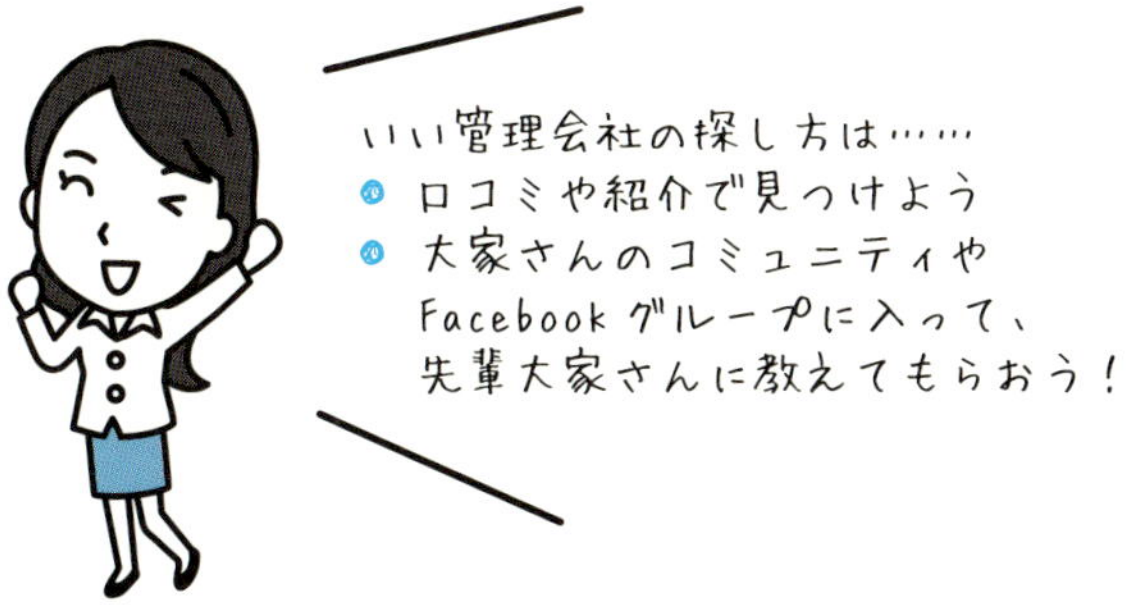
いい管理会社の探し方は……
口コミや紹介で見つけよう
大家さんのコミュニティやFacebookグループに入って、先輩大家さんに教えてもらおう！

04 収入を増やして(空室期間をなくして)キャッシュを残す方法

1 空室をつくらないようにするにはどうしたらいいの?

次に毎月のキャッシュを安定したものにする、または増やすためには、「空室をつくらない」または「今の家賃を上げる」ことが必要です。

「今のこの時代に家賃を上げたり空室をつくらない方法があるの?」という声が聞こえてきそうです。はい、大丈夫です! 成功大家さんはみんな家賃を上げたり空室をつくらない工夫をしています。今からそのノウハウをあなたにお教えしますね。

空室をつくらないためには、できるだけ長く入居してもらう

空室をつくらないためには、「**今の入居者にできるだけ長く入居してもらうこと**」です。そのためには入居者がいつまでも住んでいたい環境をつくってあげればいいのです。

入居者が不満に感じることというのは、大きく次の2点です。

❶ 設備が老朽化している
❷ 管理会社がクレームにすぐに対応してくれない

入居者がこういった不満を抱えていたら大変です。「**年に1度くらいは入居者にはがきを出して、現在困っていることはないか、管理会社の対応は適切かといったアンケートを実施するのが効果的**」です。もし管理会社がクレームにすぐに対応してくれないようだったら、そのことを管理会社に伝えて改善してもらいましょう。

アンケートのやり方として、入居者の誕生日を「入居申込書」で把握しておいて、バースデープレゼントとともに「**満足度チェック表**」を送るのもいいでしょう。その際設備が老朽化している場合は、早めの交換も考える必要があります。

ほかにも、面白いサービスとしては「**お掃除サービスを年に1回プレゼントする**」ということをしている大家さんがいました。1Kタイプは独身者が住む場合がほとんどですから、お風呂やトイレ、台所などの水回りの掃除を無料でサービスしてあげるのです。このサービスをすることで、部屋の状況把握と維持管理もできます。

更新してくれた入居者にはプレゼントを用意する

更新時に更新してくれた入居者には、有名どころのスイーツのプレゼントや商品券のプレゼントをしている大家さんもいます。「うちの大家さんって、すごくいい人なんだ」と入居者に思ってもらえる大家さんになれれば、長く住み続けてもらえます。

2 家賃を上げるにはどうしたらいいの？

入居者がいくら部屋が気に入って出たくないと思っても、転勤や結婚などで部屋が空いてしまうことはいくらでもあります。そんなときは、できるだけ早く次の入居者を決めなければなりません。そしてこのときは、家賃を上げるチャンスでもあります。

平成バブルのころは賃料も右肩上がりに上昇しましたが、ここ20年近く日本経済はデフレが続いて給料も上がっていないので、賃料ももちろん上がっていません。そのため賃料を下げる、敷金礼金を取らない、フリーレントといったサービスをつけても入居者が決まらない部屋も多くあります。ちなみにフリーレントとは、一定期間賃料がかからないサービスです。たとえば、フリーレント1カ月というのは、賃料が1カ月無料ということです。

こういった環境の中で賃料を上げるには、どうしたらいいのでしょうか？

部屋の内装を少しだけ豪華にする

内装に工夫をすることです。リフォームのように大げさなものではなくても、「ここを直すと見栄えがする！」というキーとなる場所をいじるようにします。ちょっと改修することで費用の何倍も高級感が出る部屋になります。

❶コンセントカバーでオシャレ感を出す

そのひとつが「コンセントカバー」です。ネットショップなら500円も出せばオシャレなコンセントカバーが手に入ります。コンセントカバーを変えるだけで、部屋の印象が変わります。自分でちょこっとDIYしてみてもいいですが、時間がない人は業者に頼んでみましょう。

❷照明器具を取り替えて明るく高級感を出す

照明器具も少し豪華なものをつけてみましょう。1万〜2万円前後で部屋の中がぐっと高級に、そして明るくなります。

● コンセントカバーと照明器具を変えるだけで簡単にオシャレ感が増す

③キッチンの水栓で清潔感を出す

コンセントカバーと照明器具を変えるだけでもほかの賃貸物件よりも有利になります。さらに余裕があれば水回りにも手を加えてみましょう。キッチンの水栓であれば、1万円程度で「シングルレバー」に交換できます。流し台や洗面台を高級なものに交換する必要はありませんが、水栓を新しいものに取り換えるだけで清潔感が増して見えます。

④玄関に大きめの鏡を

女性が入ることを希望している人は、玄関にお洒落な鏡を取りつけてみてはいかがでしょうか。これも1万円台から購入できます。

家具つきだと、単身者は助かる

単身者は、家具や電化製品がついていると初期費用がかからないのでとても助かります。

ある大家さんは、テレビとテレビを置くサイドボード

● キッチン周りや玄関にひと工夫する

シングルレバーで高級感が出ます。

女性は大きな鏡があると、出かける前に全身チェックができます。

つきで募集した結果、以前の賃料よりも高く、しかもすぐに入居者が決まりました。この大家さんは、「2年以上住んでくれた人にはこのサイドボードをプレゼントします」という募集のしかたをしていました。

最後の手段は「広告企画料」を上乗せすること

そしてもうひとつ、最後の手段かつ最も効果的な方法は、広告企画料を上乗せして不動産会社に支払うことです。

ここでお話しした簡単なリフォーム作戦を試してみても決まらない場合は、前節でお話ししたように、客づけ業者さんにがんばってもらう必要があります。

そのために、通常支払う広告企画料に上乗せした金額を支払うことはかなり効果があります。管理会社を通して広告企画料を支払うことを伝えてもらいましょう。

● サイドボードやテレビといった家具つきにする

単身者にとって家具つきの部屋は助かります。

05 5年後は売却も視野に入れて、インカムゲイン＋キャピタルゲインをねらおう

理想の物件に巡りあって、希望価格に近い金額で購入でき、すぐに入居者も決まって、毎月の家賃もきちんと入り、入居者との関係・管理会社との関係も良好で何の問題もない大家さんライフを送っていたとしても、「**所有してから5年がすぎたら、売却も視野に入れておく**」ようにしましょう。

1 なぜ5年後を意識するのか

投資用でも自宅用でも、不動産を所有する人にとっては5年がひと区切りになります。なぜ5年なのでしょうか。それは、購入した金額よりも高く売れて売却益が出た場合、物件を所有してから5年後を境にして税率がまったく違ってくるからです。

売却する年の1月1日現在での所有期間が5年以下の場合には、「**短期譲渡所得として売却益の39・63％が税金**」としてかかります。それが5年を超えていると「**長期譲渡所得になり、売却益**

にかかる税金も20・315%」になります。5年を境に、かかる税金に倍の差が生じるのです。どうせなら5年間は毎月入る賃料のうまみをたっぷりと享受しましょう。そして5年経ったらそのまま所有し続けるもよし、購入金額よりも高く売れるなら売却するのもよしといった選択を視野に入れておくと、より不動産投資が楽しくなります。

2 5年間所有してインカムゲイン＋キャピタルゲインをねらう

実際の区分所有マンションを使ってお話ししましょう。

20m²の1Kタイプのマンションを500万円で購入して、5年後に600万円で売却するとします。この場合の月額賃料は5万円。年間の賃料は60万円（5万円×12カ月）となります。

5年間の賃料総額は300万円（60万円×5年間）です。売却益は「600万円－500万円＝100万円」となります。

不動産から得られる利益の合計は、「**所有した期間の賃料収入＋売却益の合計**」です。この場合は「300万円＋100万円＝

● 不動産を売却する際、5年を境に税金は倍も違う

所有期間	課税区分	税率		
		所得税	住民税	合計
5年以下のもの	短期譲渡所得	30.63%	9%	39.63%
5年を超えるもの	長期譲渡所得	15.315%	5%	20.315%

※上記税率には、復興特別所得税として所得税の2.1%相当が上乗せされています。

400万円」で、400万円の利益となります。
実際は毎年の経費と購入時および売却時の経費がかかってくるので、手取り金額は諸経費を引いた金額になりますが、ここでは簡略化のために諸経費は入れずに計算しています。

転売益に対する税金がどうなるかを見てみましょう。長期譲渡所得の税金は利益の20・315％なので、転売益100万円に対し「100万円×20・315％＝20万3150円」となります。

これがもし5年以内に売却するとなると、短期譲渡所得として売却益の39・63％の税金がかかるため、「100万円×39・63％＝39万6300円」となります。

5年を挟んで19万円もの差が出てしまいます。このことからもわかるように転売は5年をすぎてから行うと税務上有利になりますね。

3 税金対策として法人をつくる

手取り収入が出ても税金で持っていかれてしまい、思ったほど

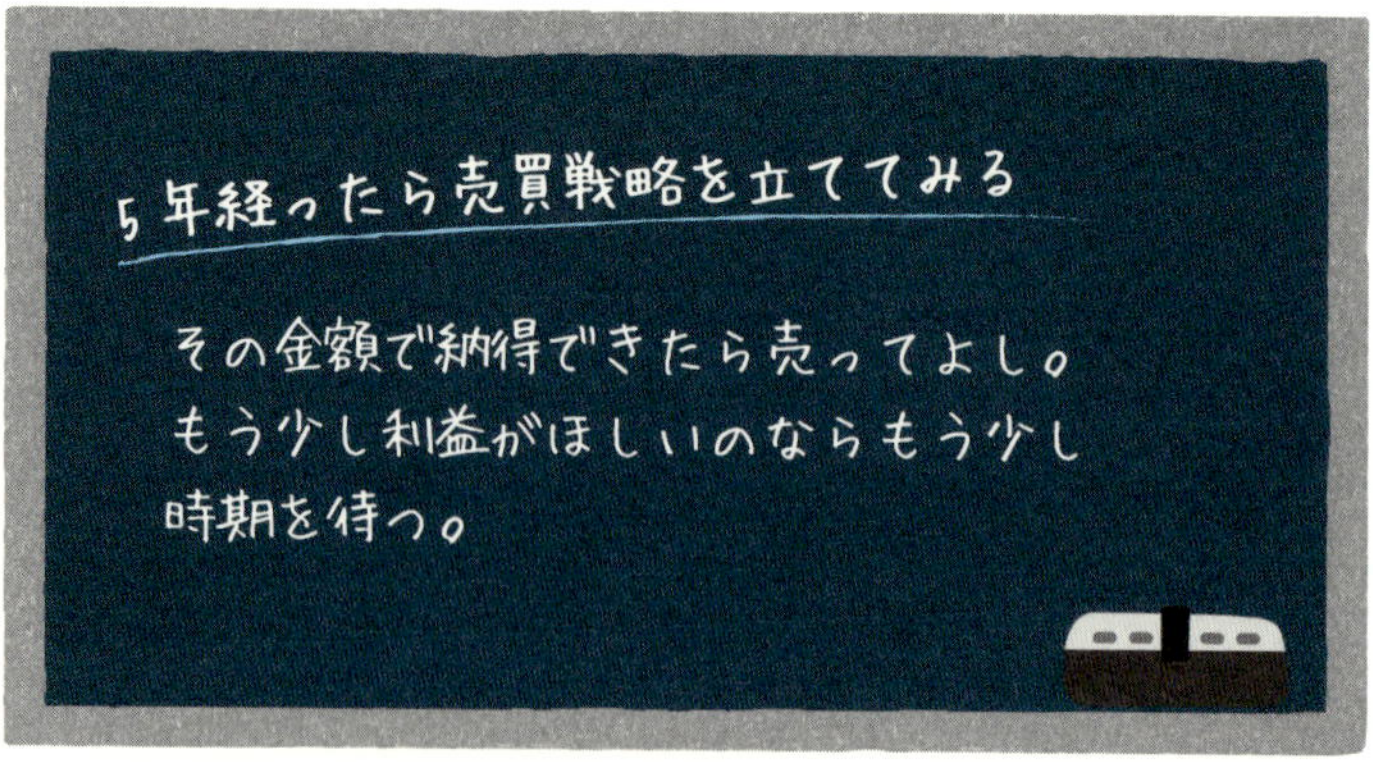
5年経ったら売買戦略を立ててみる
その金額で納得できたら売ってよし。
もう少し利益がほしいのならもう少し
時期を待つ。

利益が上がらないということがあります。

毎年の賃料収入は、本業の収入と合算した額に対して所得税がかかってくるからです。これはどういうことかというと、1番多いケースは本業での給与所得が比較的高く、税率のはざまにいる会社員です。たとえば給与所得が890万円、不動産の手取り収入など不動産所得が100万円だとすると、不動産所得がある場合とない場合の所得税は次のようになります。

● **不動産所得がない場合**

890万円×23%－63万6000円
＝141万1000円

手取り額は次のようになります。

890万円－141万1000円
＝748万9000円

● **課税される所得金額（抜粋）**

課税される所得金額	課 税	控除額
195万円以下	5%	0円
195万円を超え 330万円以下	10%	9万7,500円
330万円を超え 695万円以下	20%	42万7,500円
695万円を超え 900万円以下	23%	63万6,000円
900万円を超え 1,800万円以下	33%	153万6,000円
1,800万円を超え 4,000万円以下	40%	279万6,000円
4,000万円超	45%	479万6,000円

それが、不動産所得が入ることによって所得が100万円増えると、所得税は次のようになります。

●不動産所得がある場合

990万円×33%－153万6000円＝173万1000円

所得税が173万1000円に増えるので、手取り額は次のようになります。

990万円－173万1000円＝816万9000円

100万円の不動産所得が入っても、実際の手取り額は68万円（816万9000円－748万9000円＝68万円）です。またここから住民税も引かれるので、さらに手取り額は減ってしまいます。不動産所得が増えたからといってぬか喜びをしないで、せめて所得税がどうなるかまではシミュレーションするようにしましょう。

このように賃料収入が入っても税金で持って行かれてしまい、思ったほど手取り収入がないということがあります。ではどうやって対策したらいいのかというと、答えは会社をつくることです。

会社をつくって、会社で不動産を購入する

会社をつくってその会社が不動産物件を購入すると、所得を個人と法人で分けられるので税金を安くすることができます。また、家族を会社の従業員にして、給料を支払えばさらに節税ができます。しかし法人をつくるには費用がかかり、また毎月の収支計算および確定申告などを税理士に頼むとその費用もかかってきます。これらの費用が相当かかるので、不動産物件を購入し続けるのであればいいのですが、そうでない場合には、まず個人で購入するほうが妥当です。

また個人で不動産物件を購入しておいて、あとから会社をつくって法人に不動産物件を売却する場合には、本当に適正な価格で売却したのかどうかを証明する「**鑑定評価書**」が必要になり、売却によって利益が出たときは譲渡所得税がかかってきます。ただし、法人をつくって個人からその法人に不動産物件を売却すると、税金が安くなったり、経費にできる部分が大きくなったり、譲渡するときの年数によって税額が変わることがなくなったりとメリットもたくさんあるので、不動産投資を展開していく中で、法人をつくるかどうかを検討していくようにすれば大丈夫です。

「5棟10室」を満たせば、個人でも事業として認められる

なお、会社をつくらずに個人でも事業として認められる場合があります。それは「**5棟10室**」を満たしている場合です。「**一戸建て× 5棟**」か「**部屋数× 10**」以上の不動産物件を所有すれば事業として認められるため、税制面で優遇されます。

06 いくらで売れるか査定する方法❶ 不動産会社に査定してもらう

1 定期的に物件価格をチェックするクセをつける

さて物件を購入して5年も経つと、そろそろ売却してもいいタイミングになります。そのとき、まず最初に何をしたらいいでしょうか？　答えは「**今、売却したらどれくらいで売れるかを調べる**」ことです。

調べる方法には次の2つがあります。

❶ 不動産会社に査定してもらう
❷ ネットで同じマンション内の部屋がどれくらいで売りに出されているかを調べる（次節参照）

2 不動産会社を選ぶ前に、不動産会社をチェックする

不動産会社に査定してもらう場合、不動産会社をどうやって選べばいいのか、ここが最初の難関です。

財閥系などの大手不動産会社のほうが安心できるからいいのか、もしくは地場の不動産会社のほうが地元のお客さんがたくさんいるからいいのか……。たくさんある不動産会社の中からどこを選んだらいいのか、片っ端からいきなり連絡すればいいのか、皆目見当がつきませんよね。まずは査定だけだからどこの会社でもいいのでは？　と思うかもしれませんが、査定次第ではその会社に頼むことになるかもしれません。また不誠実な不動産会社だと、「**媒介**」を取りたいがために査定額はどこよりも高く出して、その後はほったらかしのままというところもあります。そういう不動産会社の中には、どうなったか問いあわせると「高すぎてお客さんがいないから価格を下げましょう」と言ってくる悪徳な業者もいます。そういう不動産会社に頼んでしまわないためにも、査定

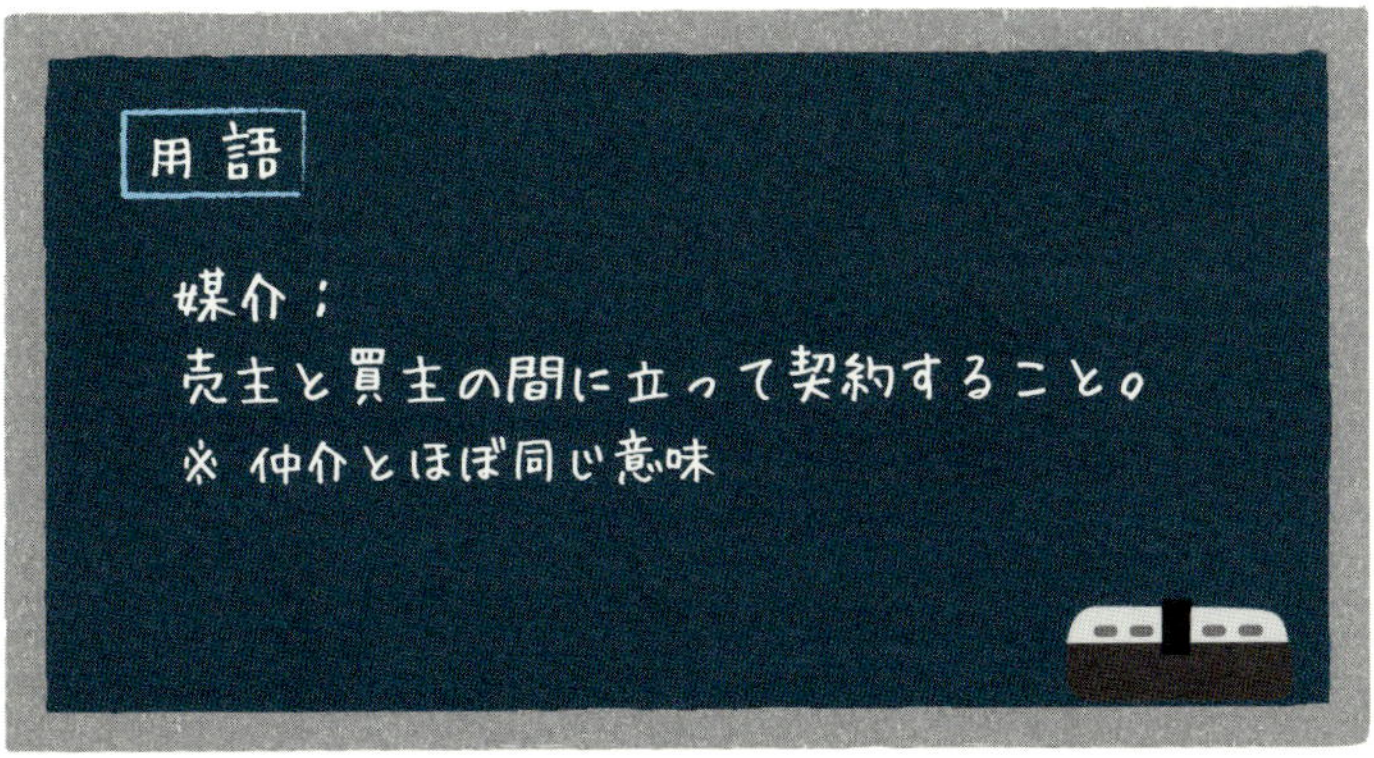
用語
媒介：
売主と買主の間に立って契約すること。
※仲介とほぼ同じ意味

をお願いするときから業者選びはしっかりとするように心がけましょう。

ここでは、売却を前提とした不動産会社（査定業者）を選ぶ際のチェックポイントをお話しします。

不動産会社を選ぶ場合のチェックポイント

まずはどこに頼むとしても、不動産会社の「**宅地建物取引業免許証番号**」を確認しましょう。免許番号は、「○○知事免許（3）第○○」というように表されます。（　）内の数字は宅建免許を更新するたびに増えていきます。

（3）となっている場合は、この不動産会社は過去に2回免許の更新をしているということになります。免許番号の有効期限は5年です。免許番号が古いほど信頼できる不動産会社だという見方もできますが、新しくできた会社でも親切な不動産会社もあれば、長くやっている会社は頭も古く上から目線のところもたくさんあったりして、免許番号だけでは判断できません。では「**なぜ〝宅地建物取引業免許証番号〟を確認するのかというと、無免許業者との取引を防ぐため**」です。

● 宅地建物取引業免許証番号サンプル

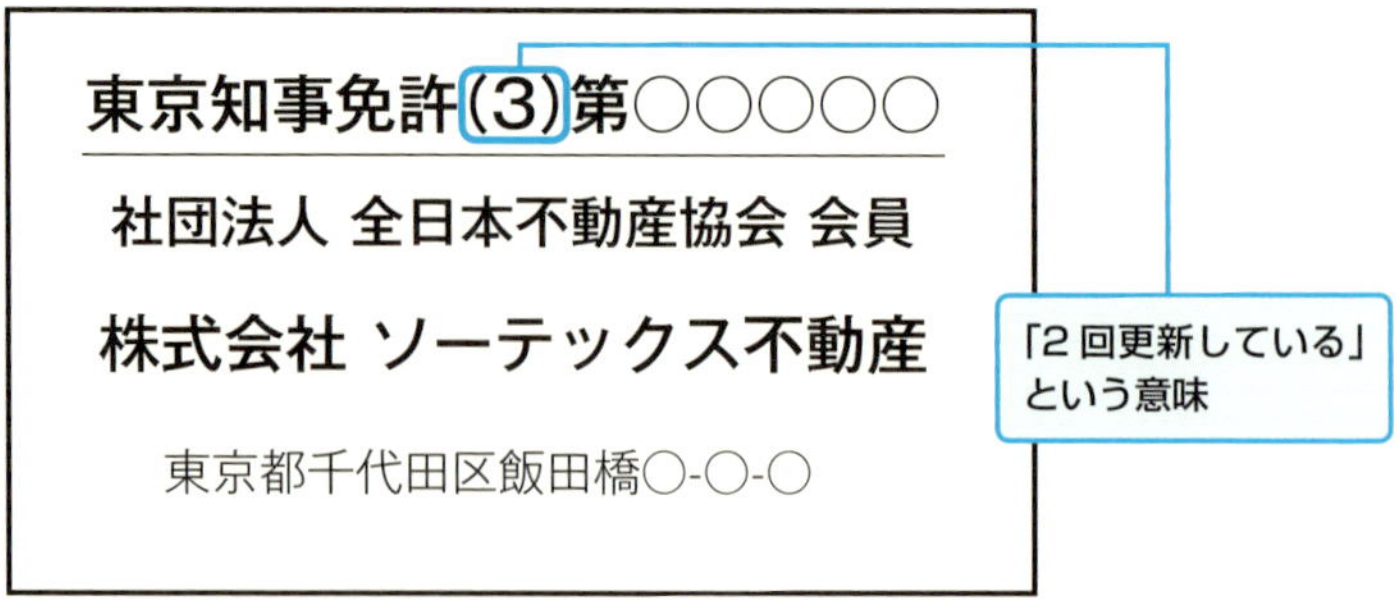

それでも心配な場合は、「**免許を交付した行政庁に行くと、業者名簿を見ることができます**」。ここには行政処分された経歴なども載っているので、ちゃんと自分の目で確認しておけば間違いがありません。

また、国土交通省のサイトの中にある「**国土交通省ネガティブ情報等検索システム〈宅地建物取引業者〉（http://www.mlit.go.jp/nega-inf/takken/）**」を見ると、一部の都道府県知事が行った監督処分情報を確認することができます。ただし、「**どの不動産会社も行政処分を受けることがあり、同じことをしても大手不動産会社はクレームによって処分を受けることもあるので、参考程度に見る**」ようにします。

国土交通大臣からと都道府県知事からの免許の違い？

また不動産会社の免許は国土交通大臣から受けている場合と、都道府県知事の免許を受けている場合の2通りがあります。これは2つ以上の都道府県に事務所

● 宅地建物取引業者票サンプル

宅地建物取引業者票	
免許証番号	国土交通大臣 知事 3 第00000号
免許有効期間	20○○ 年 3 月 1 日から 20○○ 年 2 月 28 日まで
商号または名称	株式会社ソーテックス不動産
代表者氏名	石井佳恵
この事務所に置かれている専任取引士の氏名	秋元奈緒美
主たる事務所の所在地	電話番号 03－0000－0000 東京都千代田区飯田橋 ○-○-○

を置いて営業している不動産会社は「**国土交通省大臣免許**」を、ひとつの都道府県のみに事務所を置いて営業している不動産会社は「**都道府県知事免許**」を受けるという形式的なことの違いなので、どちらから発行されていても不動産会社の信用度や実績に大きな違いがあることはありません。

3 不動産会社と結ぶ「媒介契約」の決め方

売却するために不動産会社と「媒介契約」を結ぶ

ここで、売買を「**媒介**」してもらうために不動産会社と結ぶ「**媒介契約の種類**」についてお話ししておきます。

不動産会社の査定額が意外と高く、これなら十分に利益も出るし売却をしたいと思った場合、その不動産会社と「媒介契約」を結びます。

● 媒介契約の種類

	一般媒介契約	専任媒介契約	専属専任媒介契約
契約有効期間	なし	3カ月以内	3カ月以内
自己発見取引	○	○	×
他業者に依頼する	○	×	×
依頼者への報告義務	なし	2週間に1回以上	1週間に1回以上
レインズへの登録義務	なし	7日以内に登録	5日以内に登録

※ レインズ：0時限目03参照

この媒介契約には、「**一般媒介契約**」「**専任媒介契約**」「**専属専任媒介契約**」の3つがあります。

それぞれ契約の有効期間や依頼者への義務が違ってくるので、どの契約にするかをよく考えてから決めなくてはなりません。

最初は「専任媒介契約」がお勧め

なお、専属専任媒介契約と専任媒介契約の違いは、「**〝自己発見取引〟が専属専任媒介契約ではできない**」ということです。売主が自分で見つけてきた相手方（親戚や知人と直接交渉した場合など）についても、依頼した不動産会社を通して取引しなければなりません。専任媒介契約が一般的で、専属専任媒介契約で頼む人はあまりいないということを覚えておいてください。

「専属専任媒介契約」や「専任媒介契約」では、売主がほかの不動産会社に依頼することができなくなるので一生懸命営業してくれるという利点はありますが、契約した不動産会社に営業力がないとなかなか買い手が見つからないというリスクもあります。だからといって「一般媒介契約」にすると、売主がほかの不動産会社にも依頼しているため、営業活動がやや消極的になってしまう

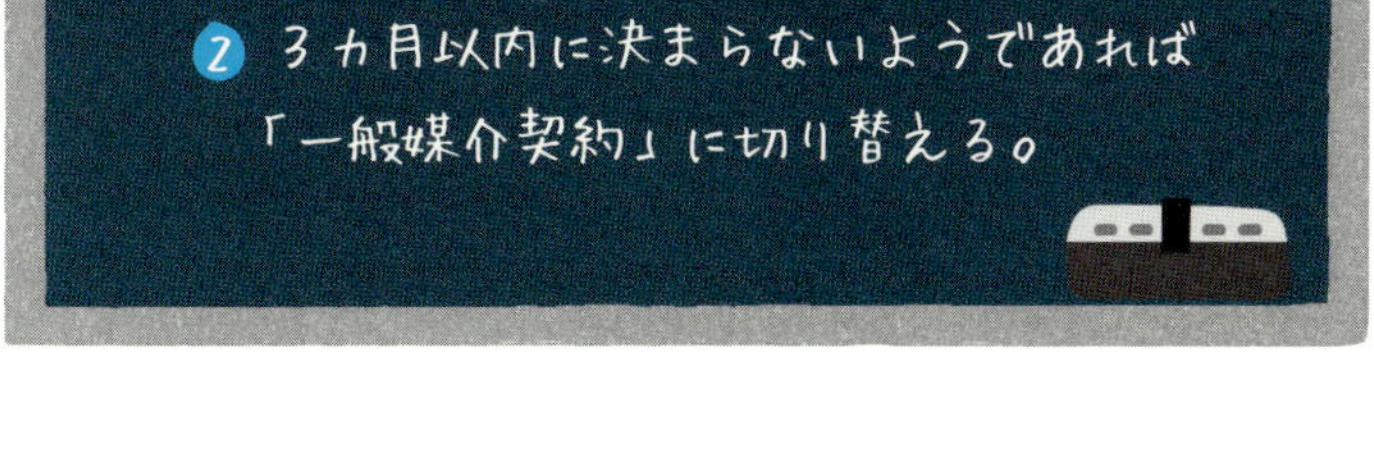
媒介契約のしかた
1 最初は「専任媒介契約」をする。

難点もあります。「**最初は専任媒介**」で頼んでみて、決まればそれでよし。もし「**なかなか決まらなかったら、有効期間の3カ月がすぎた時点で一般媒介に切り替えましょう**」。

4 不動産会社の決め方

では、いよいよ実際に不動産会社を選ぶ場合のポイントをお話しします。不動産会社を選ぶ選択肢は、次の4つのような方法がありますが、それぞれにいいところと悪いところがあります。

❶ テレビCMをしているような大手不動産会社
❷ 地域密着型の地場の不動産会社
❸ 現在頼んでいる不動産会社（管理会社）
❹ ネットで検索した不動産会社

❶ テレビCMをしているような大手不動産会社

大手不動産会社は顧客をストックしていることが多いので、早く決まりやすいといわれています。ただしたくさんの物件を扱っているため、小さな額の物件は真剣に営業してくれない可能性もあります。売却の条件や仕事の手順に対して、融通が利かないこともあります。

②地域密着型の地場の不動産会社

地域密着型の地場の不動産会社は、地元の顧客情報を豊富に持っていて取り扱い物件数も大手に比べると少ないので、きめ細かな対応をしてくれるところが多い反面、顧客の数がかぎられてしまいます。ただし、今はレインズに登録してほかの業者に客づけをしてもらったり、ネットで幅広く広告を出せるので、顧客数では大手の不動産会社とあまり変わらない会社もあります。

③現在頼んでいる不動産会社（管理会社）

現在頼んでいる不動産会社（管理会社）は、入居者の情報を持っているためスムーズに契約できるという利点があります。

④ネットで検索した不動産会社

ネットで検索した不動産会社はネットで幅広く営業活動をしてくれるという利点がある反面、どんな業者かわかりにくいという不安があります。

このようにどの不動産会社も長所短所があるので、どの会社を選ぶかは個人の好みになりますが、今の管理会社との関係が良好、もしくは不満がないのなら、「**入居者の情報を把握している現在の管理会社にまずは専任媒介で3カ月間頼んでみて、その間に決まらなければ一般媒介に切り替えて、大きな会社と地場の会社も併せて3社ぐらいに頼む**」のがいいでしょう。

07 いくらで売れるか査定する方法❷ ネットで、同じマンションの部屋の値段を調べる

1 ネットで同じマンション内の部屋がどれくらいで売りに出されているかを調べる

マンションの場合、同じマンション内の違う部屋が売りに出されているケースがあるので、この価格を参考にしましょう。調べ方は簡単で、インターネットで「○○マンション」とマンションの名前で検索すると出てきます。

マンションは階層や位置、ベランダの向き、広さによって坪単価が違ってくることに注意が必要です。同じマンション内の違う部屋を参考にする場合の注意点は、次の2つになります。

❶ 価格はあくまでも売主が売りたい価格である
❷ マンションは階層、位置、広さによって価格が違う

❶価格はあくまでも売主が売りたい価格である

売主の心情としてはなるべく高く売りたいものです。媒介する不動産会社の適正な査定価格で売り出していれば問題ないのですが、最終的には売主の意見が反映されるので、売り出し価格は高めになることも多いです。「こんなに高く売れるんだ！」とあまり喜びすぎるのは禁物です。できるだけ**「たくさんの売り出し価格を調べる」**ことが重要です。

❷マンションは階層、位置、広さによって価格が違う

階層は、窓を開けたときに解放感があり、見晴らしや風通しのいい上の階のほうが人気があります。そのため価格〈総額を専有面積（坪数）で割った坪単価〉も高くなります。（ただし最近は地震などの影響で、最上階よりも低層階のほうを選ぶ人が増えている地域もあります。）部屋の位置は角部屋が高く、特に南東の角部屋や南西の角部屋の価格が高くなります。ベランダの向きについては、南、東、西、北の順で価格が低くなります。

部屋の大きさと価格の関係にも注意が必要で、**「賃料と同じように、1Kのほうが3LDKよりも坪単価が高くなります」**。理由は総額が関連してくるからです。

たとえば、7坪ある1Kの部屋の価格が坪単価100万円だとすると、総額700万円になります。しかし、20坪の3LDKの価格が坪単価100万円で総額2000万円とはならず、総額の観点から1600万円程度の価格（坪単価80万円程度）になるので、注意が必要です。

「同じマンション内の部屋の価格」についてまとめると、下記のようになります。

2 専用の庭とルーフバルコニーならどちらが付加価値がつく?

1階の部屋には専用の庭が、最上階の部屋にはルーフバルコニーがついているマンションがあります。これらの部屋の価値はついていない部屋の価値よりも高いのでしょうか?

ルーフバルコニーがついている部屋は、見晴らしや周辺の状況にもよりますが、最上階ということもあり大きな付加価値がつきます。したがって「**ついていない部屋と比べると価値が高く1割程度価値も高くなります**」。また賃貸で募集した場合も人気が高く借り手がつきやすい不動産物件になります。

しかし専用の庭の場合は、少し微妙です。1階の部屋は防犯上の不安や日当たり、眺望などの面で嫌がる人がいます。特に1Kやワンルームのマンションを探している単身の女性には人気がありません。専用の庭がついていると、ベランダを開けたときに解

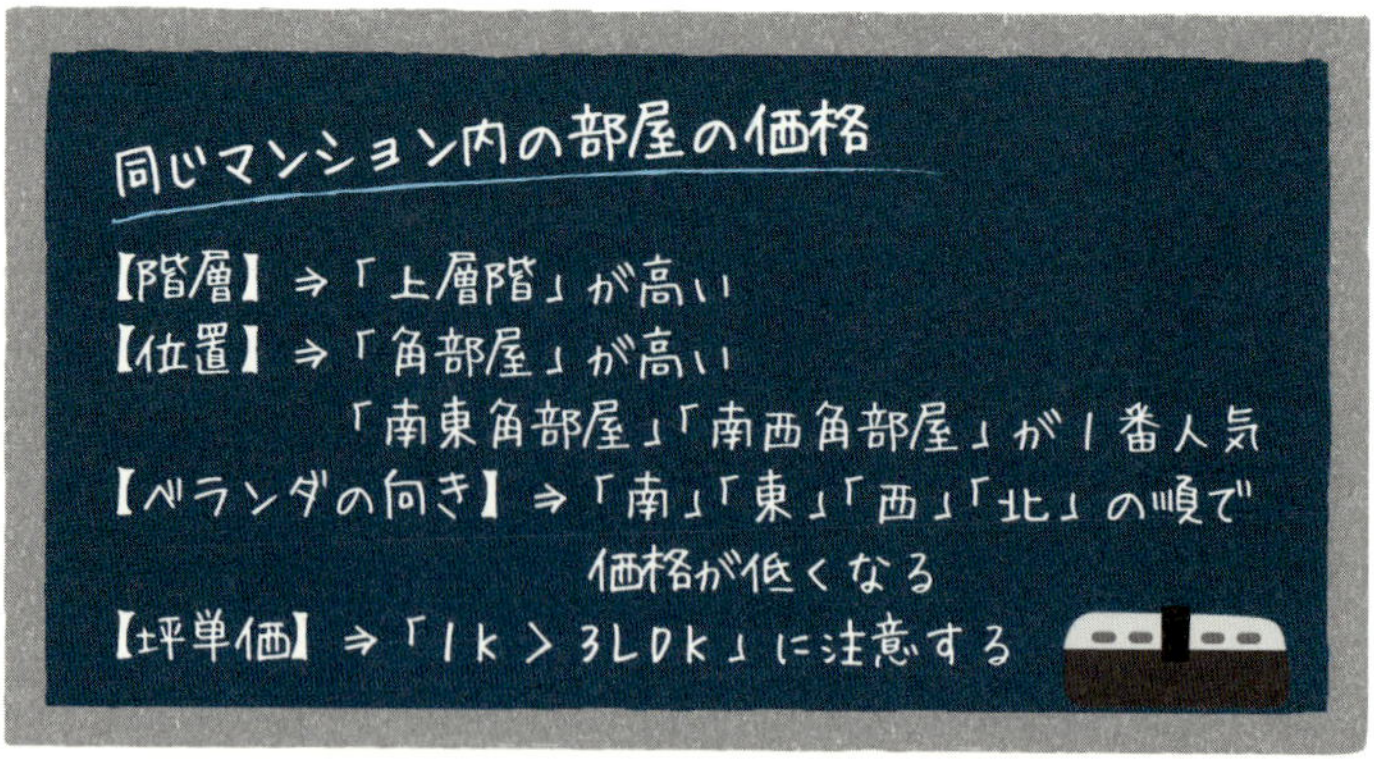

同じマンション内の部屋の価格
【階層】⇒「上層階」が高い
【位置】⇒「角部屋」が高い
「南東角部屋」「南西角部屋」が1番人気
【ベランダの向き】⇒「南」「東」「西」「北」の順で
価格が低くなる
【坪単価】⇒「1K > 3LDK」に注意する

放感があり、外から中が見えづらいという長所は確かにありますが、それでも最上階のルーフバルコニーがついている部屋と比べると、やや見劣りします。

付加価値はルーフバルコニーつきの部屋のほうが高いといえます。

3 賃借人（入居者）つきで売る場合と空室で売る場合ではどちらがいいの？

投資用のマンションの場合は空室で売却するよりも、賃借人付（オーナーチェンジ）で売却するほうが買い手がつきやすくなります。買主の立場に立ってみてください。確かに空室の場合は自己使用をしたい人も対象となったり、買主が中を確認してから購入できるのでメリットもあります。でも、投資用マンションでは買った人がすぐに賃料収入を得られるオーナーチェンジ物件のほうが断然人気が高いのです。実際に自分が「**不動産物件を売却するなら、入居者がついているときをねらう**」ことになります。

不動産物件は、貸すときは入居者の気持ちを考えて、売却するときは買い手の気持ちを考えるのが基本です。

08 不動産の売却戦略の立て方

1 売却したらどうなるかシミュレーションしてみる

ではいよいよ、ここまでのことを参考にして、実際に売却戦略を立ててみましょう。

Cさんは、5年前に1Kの区分マンションを400万円（坪単価約57万円）で購入しました。

ネットで売却価格をシミュレーションする

5年がすぎたころ、そろそろ売却してもいいかな？　と思い、早速ネットで同じマンション内の売り出し価格を調べてみました。すると次の3件の売買物件が見つかりました。

物件❶　Cさんの物件とまったく同じ間取り（23㎡：約7坪）で1階、北向き。価格は370万円（坪単価約53万円）です

物件② は２ＤＫ（40㎡：約12坪）で、同じ3階、南向き。価格は６００万円（坪単価約50万円）です

物件③ もＣさんの物件とまったく同じ間取りで、同じ3階、東南の角部屋。価格は４５０万円（坪単価約64万円）です

右記の３物件をよく見て坪単価を比較分析してみると、次のようになります。

物件① は階数と方位の点でＣさんの物件よりも価格が低くなります

物件② は広さが12坪と大きいので、坪単価は１Ｋよりも低くなります

物件③ は東南の角部屋のため、Ｃさんの物件よりも条件がよく高くなります

物件①（53万円）
物件②（50万円）＜ **Ｃさんの物件** ＜ **物件③**（64万円）

● Ｃさんが購入したマンション

JR中央線○○駅　徒歩８分
1K（23m²：約７坪）
RC造５階建ての３階部分
南向き
築15年
月額賃料：６万円

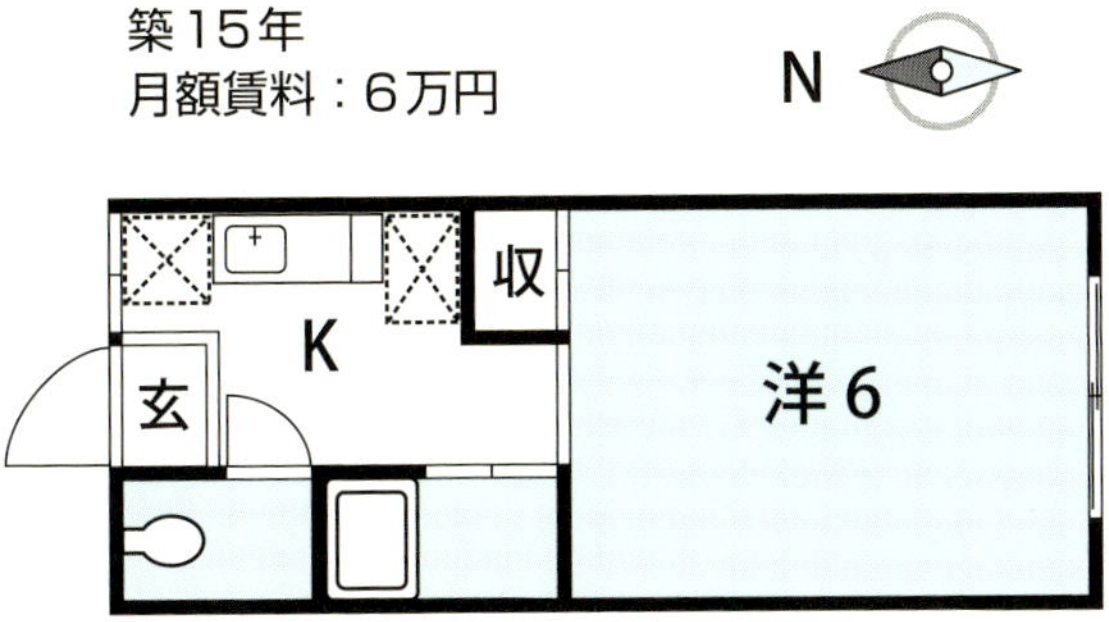

以上の点を踏まえると、現在、**「Cさんの部屋の価格は坪55万～62万円程度、総額にすると380万～430万円」**ということになります。

5年間でどのくらいの利益が出ているのかシミュレーションしてみる

Cさんは400万円で購入しているので、430万円で売却できると30万円の利益になります。

※厳密には建物部分については減価償却費を控除します。**例** 購入金額400万円のうち建物価格が200万円で、減価償却費が20万円だとすると、購入価格は、400万円ではなく400万円－20万円＝380万円となり、利益も430万円－380万円＝50万円となります。ここでは簡略化のため省略しています。

ちなみにこの場合の譲渡所得税は所有期間が5年を超えているので、長期譲渡所得の税率が適用となり、「30万円×20・315％＝6万945円」、5年間の賃料収入が「6万円（月額）×12カ月×5年＝360万円」となります。

ここから年間の経費を引き、購入時と売却時の経費を引き、売却益を足すと、すべての収支計算ができます。

少し大雑把になりますが、年間の経費が家賃の30％、購入時と売却時の費用をあわせて、ざっくり購入価格の15％とすると、経費は次のようになります。

- **5年間の経費：6万円×12カ月×30％×5年＝108万円**
- **購入時と売却時の費用：400万円×15％＝60万円**

経費と費用の合計は168万円となります。では、利益はどうなるでしょうか。

・5年間の賃料収入：360万円
・売却益：30万円

収益の合計は390万円となります。

収益から経費と費用を引くと、「390万円－168万円＝222万円」となります。5年間で222万円の純利益となります。

ただし、経費は物件によってかなり違ってくることがあるので、あくまでも標準的なケースとして考えてください。

2 結論は「利益が満足いくなら売るもよし」「持ち続けてもよし」

ここで、戦略が2つに分かれます。5年間で200万円程度の利益では足りないというのなら、もう少し様子を見て、もっと高く売却できる時期を待ちます。またこれで十分だというのなら売却依頼を出します。

まずはシミュレーションをしてみることで、自分の気持ちを整理することができます。もちろん「**持ち続けてずっと家賃収入を得ることもひとつの選択肢**」です。

3 40代、50代の会社員が年300万円を不動産収入から得る戦略

年金があてにならない。老後の資金繰りが不安な時代に、定年後不動産から年間300万円の収入が入ってきたらうれしくありませんか？　これから述べる戦略がなぜ40代、50代向けなのかというと、一部銀行からローンを借りて行うからです。また銀行からローンを借りられる年齢が50代半ばくらいがぎりぎり限度だからでもあります。ただし自営業などの人で安定した収入があれば、年齢にかかわらず銀行は融資をしてくれます。40代から少しずつ資産形成をすることをお勧めします。

まずは年間100万円の不動産収入を目指しましょう

そのための方策は、何年かに分けて区分所有マンション2～3戸を4時限目でお話しする方法で現金購入することです。資金は1000万円程度必要になります。

たとえば、東京とその近郊で探すと以下のような物件がありました。

- Aマンション（東京都）　290万円　13％（年間収入37万7000円）
- Bマンション（東京都）　450万円　11％（年間収入49万5000円）
- Cマンション（神奈川県）　270万円　12％（年間収入32万4000円）

- Dマンション（神奈川県） 250万円 12％（年間収入30万円）
- Eマンション（神奈川県） 290万円 10％（年間収入29万円）

※年間収入は経費を控除しています。

利回りはすべて実質利回りです。たとえば、A、B、Cのマンションを買うと、1010万円になりますが、経費を差し引いても年間100万円以上の利益になります。市場が過熱していないときで、現金があるのなら一気に購入してもいいのですが、できれば数年に分けてじっくりと物件を選んでいきましょう。

1棟のアパートまたはマンションをローンで購入して年200万円の利益

現金で購入した区分所有マンションから年間100万円の利益が出たら、次は1棟のアパートまたはマンションをローンで購入します。この場合の頭金は購入金額の2〜3割は必要となります。たとえば7000万円のアパートを購入する場合に必要な現金は、1400万〜2100万円です。また仲介手数料や登記費用なども現金で支払うことにします。

以下7000万円の新築アパートを購入した場合のケースで説明します。

- 購入金額7000万円
- 手数料（約7％）490万円
- 利回り8・5％（年間収入595万円）
- 頭金2100万円

・ローン金利：変動2・5%　・ローン年数：22年
・空室率、固定資産税、PMフィーなどの経費（経費率）
は、当初10年間は15%、11年目から20%で算定

このシュミレーションで計算したのが下表です。

最初の10年間は200万円以上の利益が出ます。10年経った段階で売却してもいいのですが、保有し続ける場合には、3%の賃料下落と経費率を20%に変更してシミュレーションし直します。その結果、利益が少し減少し、年間170万円程度の利益となります。しかし10年後、修繕と魅力的な部屋づくりによるキャッシュフローの改善はいくらでも可能です。

このようにして、区分所有マンションから年間100万円、1棟のアパートから年間200万円の利益を得るのは意外と簡単なことなのです。そのためには早いうちから計画を立て、頭金を貯めることが必要です。

● 7,000万円のアパートをローンで1棟買いしたときのシミュレーション

期間	不動産収入	変動率	不動産支出	経費率	不動産収支	元利返済額	税引前キャッシュフロー	月額
契約時	595万円	−	89万2,500円	15%	505万7,500円	−	−	−
1年目	595万円	0%	89万2,500円	15%	505万7,500円	292万2,684円	213万4,816円	17万7,901円
2年目	595万円	0%	89万2,500円	15%	505万7,500円	292万2,684円	213万4,816円	17万7,901円
3年目	595万円	0%	89万2,500円	15%	505万7,500円	292万2,684円	213万4,816円	17万7,901円
4年目	595万円	0%	89万2,500円	15%	505万7,500円	292万2,684円	213万4,816円	17万7,901円
5年目	595万円	0%	89万2,500円	15%	505万7,500円	292万2,684円	213万4,816円	17万7,901円
6年目	595万円	0%	89万2,500円	15%	505万7,500円	292万2,684円	213万4,816円	17万7,901円
7年目	595万円	0%	89万2,500円	15%	505万7,500円	292万2,684円	213万4,816円	17万7,901円
8年目	595万円	0%	89万2,500円	15%	505万7,500円	292万2,684円	213万4,816円	17万7,901円
9年目	595万円	0%	89万2,500円	15%	505万7,500円	292万2,684円	213万4,816円	17万7,901円
10年目	595万円	0%	89万2,500円	15%	505万7,500円	292万2,684円	213万4,816円	17万7,901円

※ ローンは年利で計算しています。

4時限目
失敗しない物件選びのための3つのステップ

Step 1 選んではいけない不動産物件を避ける

Step 2 B級地域をねらう

Step 3 表面利回りが12%以上出る不動産物件に絞る

この3つのステップに沿って物件を選んでいけば、まず失敗することはありません。
しっかりと読み込んでください。

01

Step 1 選んではいけない不動産物件を避ける

1 「選んではいけない不動産物件」を覚える

「失敗しない不動産物件を選ぶには、はじめに選んではいけない不動産を理解しておく」のがポイントです。

「利回りは高いけれどこういう不動産物件は勧められない」という物件が実はたくさんあります。つい利回りの高さに目がいってしまいますが、結局あとで損をしてしまうことになるのです。

3時限目でも触れましたが、もう一度ここで投資用不動産のリスクをおさらいしておきましょう。

投資用不動産のリスクは次の3点でした。

- **入居者が出てしまうとなかなか決まらない**
- **転売しづらい**

● **不動産価格や賃料が景気に左右されやすい**

これには次のような不動産があてはまります。

❶ 新耐震基準前に建てられたマンション
❷ ひと部屋が異常に小さいワンルームマンション
❸ 賃貸が成り立たない地域に建っている不動産物件

このような不動産を選んではいけないのです。

2 選んではいけない❶ 新耐震基準前に建てられたマンション

マンションは、1981年に耐震基準が大きく改正されて「**新耐震基準**」になりました。2011年に発生した「東日本大震災」の影響も大きく、これ以降は地震に対するリスクにとても敏感になっています。特に不動産投資家は「地震リスク」を意識しています。ですから、「**新耐震基準**

新耐震基準とは

旧基準では「震度5程度の地震に耐えうる住宅」と規定されていましたが、新基準では「震度6強以上の地震で倒れない住宅」というようにより厳しい規定になりました。また旧耐震基準の建物は中程度の地震に耐えられるように設計されていましたが、大地震に対するチェックはされていません。新耐震基準以降の建物は、中程度の地震に対して損傷しないことに加えて、大地震に対しても倒壊しないことなどが要求されています。

参考：一般財団法人マンション再生なび
(http://bit.ly/1FVtohA)

前に建てられたマンションなのか、それ以降に建てられたマンションなのかによって価格も人気度も違ってくる」わけです。新耐震基準前の建物でもきちんと耐震補強をしたものであれば問題はありませんが、次に述べるような、将来の転売のしやすさを考えても、新耐震基準のマンションを選ぶようにしましょう。

入居者問題はクリアできても転売に困る

ただし賃貸の入居者は、しょせんは自分のものではないという意識も働いていて、マンションが新耐震基準かどうかで借りる部屋を選ぶほど、地震のことを気にはしていません。新耐震基準前に建てられたマンションだからといって、現在の入居者が出てしまっても次の入居者がなかなか決まらないという可能性は低いので大丈夫です。

それよりも**「新耐震基準前に建てられた古いマンションの欠点は、転売しづらい」**ことです。投資家の物件を選ぶ基準が新耐震基準以降のものという流れになっている以上は、スムーズに売却できる物件を選ぶに越したことはありません。

ハザードマップで、地震の被害がある地域を避けることも大切

少し余談になりますが、新耐震基準に対応しているかどうかとともに、地震の被害が多い地域で不動産物件を探すことを避けるのが無難です。国土交通省の「ハザードマップポータルサイト」（**http://disaportal.gsi.go.jp/index.html**）では、全国のハザードマップを検索・閲覧することがで

きます。**「地震の震度被害マップ」**や**「地盤被害マップ」「地盤被害（液状化）マップ」**などが掲載されているので、物件選びの参考にしてください。

１９８１～１９８２年に完成したマンションは要注意！

１９８１年（昭和56年）６月１日以降に建築確認を受けた建物に対して新耐震基準が適用されています。マンションは完成するまで1年以上かかるのが普通なので、**「１９８１～１９８２年に完成したマンションは、新耐震基準のものとそうでないものがあるので注意が必要」**です。この時期に完成した建物は、新耐震基準なのかどうかを必ずチェックするようにしましょう。

新耐震基準であるかどうかのチェックの方法は次の２つになります。

❶ 仲介業者に確認する
❷ 建築確認申請が出されたのがいつなのかをマンションが存する役所の「建築指導課」などで調べる。１９８１年５月以前であれば旧基準で建てられた可能性が高い

１９６０年代に建てられた1Kのマンションを見てみましょう。１９６０年ですから築50年以上経っていることになります。たとえば都心の駅から徒歩５分の位置にあるマンションで、現在月額５万円で賃貸中だとします。年間収益は５万円×12カ月＝60万円となり、仮に３５０万円で売り出されていれば、表面の利回りは、60万円÷３５０万円≒17％となります。

あなたはこの利回りどう思いますか？　かなり魅力的に感じますよね。でも、この表面利回りの高さだけに惑わされてはいけません。このマンションはもちろん「旧耐震基準」です。転売するときになかなか買い手がつかない可能性が高い不動産物件です。そればかりか、もうひとつ注意しなくてはいけない点があります。それは**「建て替えの可能性も視野に入れなくてはいけない」**ということです。現在築50年だとすると、あと何年もつのでしょうか？　鉄筋コンクリート造のマンションは、理論上は100年以上もつといわれていますが、実際は40年程度で建て替えられる場合が多いです。50年経っているマンションは将来のことを考えても少し不安になりますね。

そのほか、古いマンションは管理費や修繕積立金が段階的に値上がりすることが多いので、この点も注意が必要です。表面利回りは高くても、経費を引いた実質利回りは低いという不動産物件はたくさんあります。目に見えない配管設備なども古くなっていることが多いので、設備交換には大掛かりな工事やほかの区分所有者の承諾が必要だったりと、高利回りに隠れて見えないところでハードルが高いのが現実です。

3 選んではいけない②
ひと部屋が異常に小さいワンルームマンション

同じ1Kタイプといっても、実際は部屋によって大きさがかなり違います。先ほど、小さい1Kのほうが坪単価が高く投資効率はよくなるとお話ししました。少しおさらいを兼ねて見ていきます。たとえば4坪（約13m^2）の1Kの賃料が4万円で坪1万円取れるとすると、7坪（約23m^2）の1Kは坪1万円×7坪で7万円取れるかというと、取れず、6万円前後というのが相場です。投資効率だけを考えると、4坪の1Kを選んだほうがよさそうに感じてしまいます。ここまでが先ほどのお話です。

ひと部屋が異常に小さいワンルームマンションを買ってはいけない理由

ところがあまりにも小さい不動産物件は、はっきり言って人気がありません。4坪の大きさはどれくらいかというと、ひと坪の大きさが畳2帖なので、玄関もユニットバスもキッチンもすべて含めて8帖程度です。しかもこの4坪というのはいわゆる「**壁芯面積**《かべしんめんせき》」（137頁参照）のことなので、実際の部屋の広さは5％程度小さくなります。小さなビジネスホテルの部屋を思い浮かべるといいかもしれませんね。

平成バブルのころはマンションの価格も異常に高かったので、少しでも安くしようと4坪程度の不動産物件がたくさんつくられました。そのときに建てられた4坪程度の不動産物件は、当然今

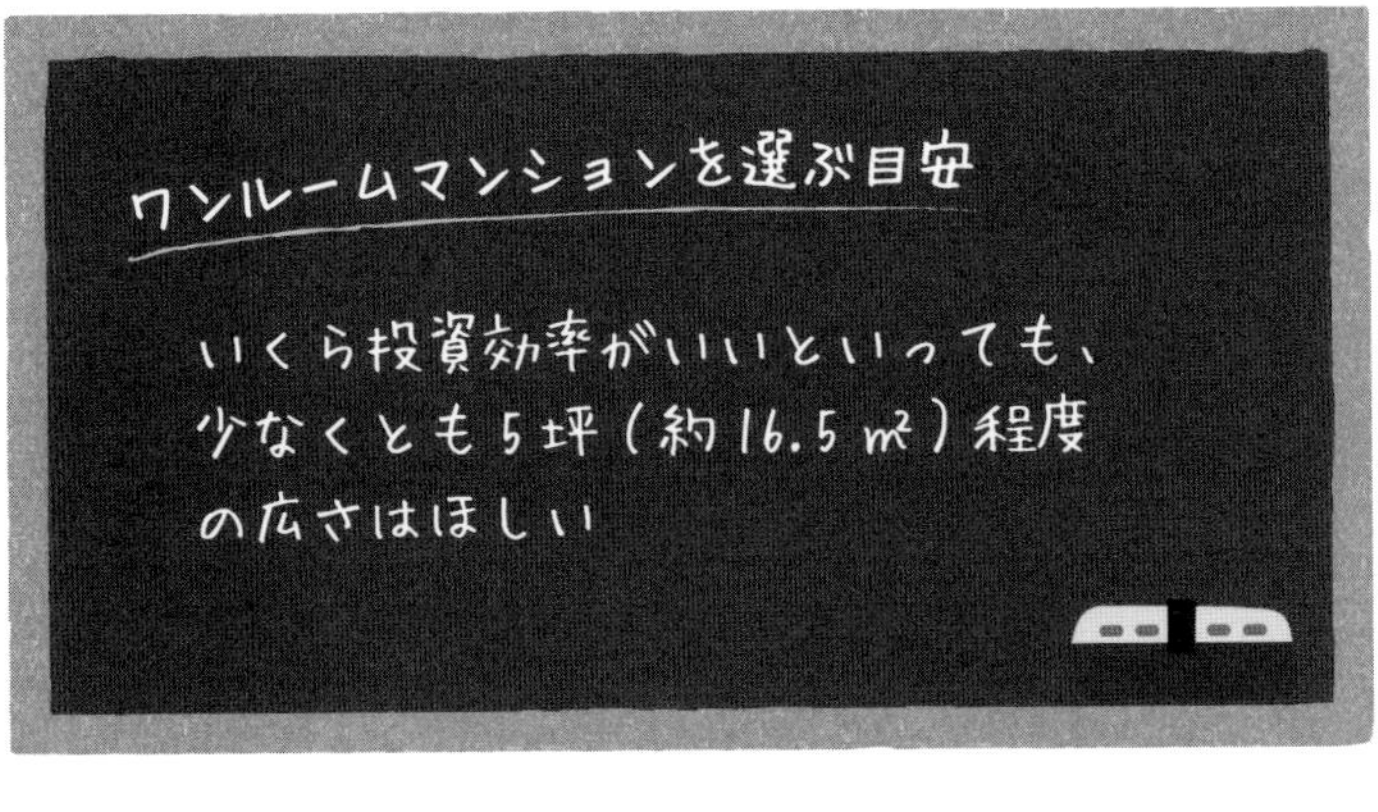
ワンルームマンションを選ぶ目安
いくら投資効率がいいといっても、
少なくとも5坪（約16.5㎡）程度
の広さはほしい

も流通しています。バブル崩壊後はバスとトイレが別々、ゆとりのある1Kが主流となったので、小さなワンルームマンションは人気がなくなってしまいました。借りてくれる人がいないのでは、いくら投資効率がよくてもお金が入ってきません。

このような小さすぎる部屋は、景気がいいときは賃料も値上がりするため、安い部屋を求める入居者がいて貸しやすかったり、利回り目当ての投資家が購入するなど転売も比較的容易にできます。しかし、景気が悪い時期は、いったん入居者が出てしまうと、次がなかなか決まらない、転売が困難であるなど投資に向かない不動産物件となってしまいます。市場には左図のような不動産物件もたくさん出回っています。何と3坪のワンルームマンションまであります。4・5帖の部屋の中にキッチンがついていて収納はありません。都心の駅から7分の場所にあり、利便性はいいのですが、まさに寝るためだけのマンションです。月額賃料は4万円なので、年間の収益は、4万円×12カ月＝48万円になります。販売価格が400万円ですから、表面利回りは48万円÷400万円＝12％です。こういったワンルームマンションが、場所も申し分なく、値段も利回りもいいのになかなか買い手がつかない、借り手が見つからないという典型的な例です。リスクをガンガン取る手慣れた投資家にとっては安く買える不動産物件になるかもしれませんが、初心者がこういう小さなワンルームに手を出すのは危険です。「**部屋の広さは大きなチェックポイント**」になるということを覚えておいてください。

● 3坪のワンルームマンション

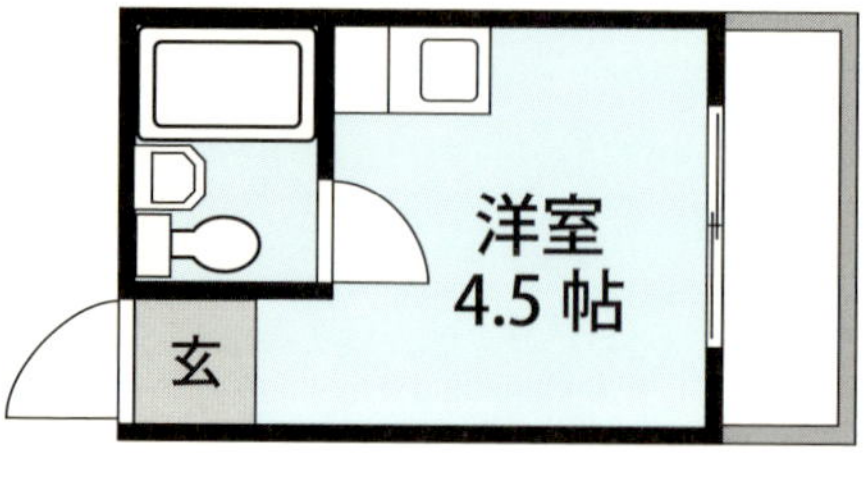

Study 1

「壁芯計算《かべしんけいさん》」と「内法計算《うちのりけいさん》」の違いと建物の構造について知っておこう

マンションの部屋の広さを表す方法には、「**壁芯計算**」と「**内法計算**」の２つがあります。「**壁芯計算は壁の中心から部屋の面積を計算する方法**」です。広告やパンフレットなどに記載されている面積はほとんどが「**壁芯面積**」によるものです。

一方「**内法計算は壁に囲まれた内側の面積で計算する方法**」です。壁の厚さにもよりますが、内法の面積は壁心の面積に比べると５～6%程度小さくなります。

たとえば壁芯で計算した面積が 20㎡だとすると内法で計算した面積は 19㎡程度になります。

もうひとつ、マンションの間取りで「**MB**」と表示されていることがよくあります。これはメーターボックスの略です。普通は専有面積に含まれませんが、ちゃっかり含めて表記している不動産会社もあるので要注意です。

また RC 造や SRC 造は、柱や梁が部屋の内部にはみ出している場合が多く、その部分も専有面積に含まれていたりして、実際に使える面積はさらに小さくなることもあります。

さらに、少し昔のマンションだと部屋の中に「**大きな電気温水器が設置されている**」ことがあります。場所を取られることもさることながら、設備の交換や修理にはかなりの費用がかかるので、これも注意が必要です。

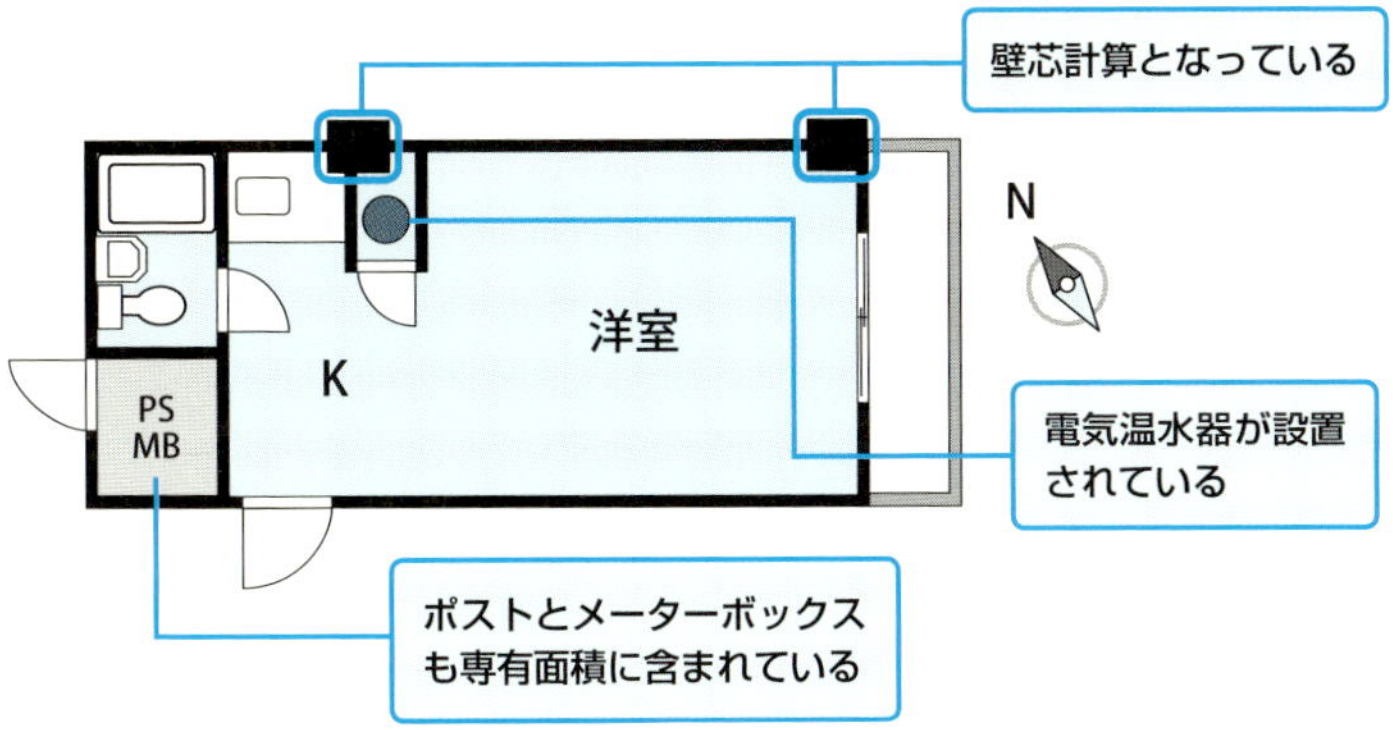

最後に、「**建物の構造**」についてお話ししておきます。

建物の構造には、「**木（W）造**」「**鉄骨（S）造**」「**鉄筋コンクリート（RC）造**」「**鉄骨鉄筋コンクリート（SRC）造**」などがあります。鉄骨（S）造は、さらに「**軽量鉄骨**」と「**重量鉄骨**」の２種類に分けられます。

このうちマンションと呼ばれるのは、S 造（重量鉄骨造）、RC 造、SRC 造でつくられた建物があてはまります。S 造でも軽量鉄骨の建物はアパート、もしくはコーポと呼ばれます。

4 選んではいけない③ 賃貸が成り立たない地域に建っている不動産物件

不動産の仕事に日々たずさわっていると、時折、こんなところにつくらないだろうと思う場所になぜかマンションが建っているのを見かけます。自宅として利用する場合は多少不便な場所に建っていてもあまり問題になりませんが、賃貸の場合は「不便」というのは命取りになりかねません。「**賃貸の部屋を探している人たちは、購入する人たちよりも〝利便性〟に重点を置いて探す**」からです。

ところで、そもそも賃貸が成り立たないような地域の不動産ってどんな不動産でしょうか。次の3つのような不動産物件は人気がありません。

- ❶ 駅から遠い
- ❷ 近くにコンビニやスーパーがない
- ❸ 都心まで遠い

❶ 駅から遠い

1Kやワンルームなどの単身者向けのマンションは、確実に駅から近い物件が好まれます。徒歩で10分以上かかると「遠いなー」と思われてしまいます。ただしこれは首都圏での話です。電車よりも車や自転車を使うことが日常的になっているような地方都市や郊外の地域なら、駅からの距離よりも大型のショッピングモールやスーパーが近くにあるとか、デパートや銀行が集まっている中心市街地からの距離が重要になってきます。

また駅から遠くても、近くに大企業の支店や営業所、工場などが密集していたり、大学があるといった場合は、その企業に通勤している人や大学に通う学生の安定したニーズがあるので、駅からの距離はあまり関係なくなります。

ただここで注意しておかなければならないことは、企業や大学は閉鎖したり移転したりする可能性があるということです。最近はリストラや統合、また大学は都心回帰の影響などで場所が都心に移ったり、工場を閉鎖してしまうケースも多くあります。たとえば群馬県のとある場所などは、大きな企業の工場が撤退したため、工場に勤める人をあてにして建てたアパートは一気に空室が目立つようになってしまいました。このような例は全国にたくさんあります。

駅から遠くて少し不便な場所であっても、複数の企業が集まっている企業団地のようなところだとリスクは小さくなります。

駅から10分以内のマンションを選ぶのがベストですが、価格帯や利回りの面で、なかなかそういった物件を選ぶことが難しい場合には、「**駅から遠くても企業や大学が複数あるからニーズはあるという地域から選ぶ**」ようにしましょう。

❷ 近くにコンビニやスーパーがない

1Kやワンルームマンションを借りる人たちはどんな人でしょうか？　メインターゲットは次のような人たちです。

- **独身の学生**
- **独身のサラリーマンやOL**
- **単身赴任のお父さん**

たまに料理が趣味で、食事は家ですべてつくるという男性単身者もいますが、1Kやワンルームマンションのキッチンはそもそも本格的な料理をするようにはできていません。また、このようなマンションの借り手は、近くのコンビニやスーパーでお弁当を買ったりお惣菜を買うことが圧倒的に多い層です。単身者の必需品、それは朝早くから夜遅くまで開いているコンビニやスーパーなのです。「コンビニが近くにあること」、これはとても重要なポイントとなります。

そして、「**駅前や通り沿いにファミリーレストランやファーストフード店があればなおいい**」でしょう。また、女性だと「**夜道が暗くない**」とか「**人通りが多い**」など、危なくないことも不動産物件を決める大きな理由となります。そこで、次のようなところに建っているマンションは、賃貸での募集はちょっと厳しいといえます。

- **周りにコンビニやスーパーがない**
- **駅前や通り沿いにファミリーレストランやファーストフード店がひとつもない**
- **街灯がなかったり道が狭くて夜道が危険。「痴漢に注意」と書かれた看板がある**

③ 都心まで遠い

都心までの距離も、賃貸物件を決めるうえでの重要な要素になります。単身者にとっては、遊ぶにも学校や会社に通うにも便利なのが、都心に近い場所だからです。だから都心に近いほど家賃は高く取れますが、どうしても不動産物件の購入価格が高くなるため、利回りは低くなってしまいます。資産価値はあるかもしれませんが投資のうまみはあまりないということになります。

たとえば、都心から電車に乗って１時間以上かかる埼玉のある地域の１Ｋマンションは３００万円でした。賃料は月額３万５０００円なので、表面利回りは14％になります。一方、都心から電車で10分のところにある１Ｋマンションの価格は１２００万円でした。賃料は７万円取れているので、表面利回りは７％となります。この２つのマンションを比べるとどうでしょうか？　安定性や将来高く売れるかもしれない期待値は、都心に近いマンションのほうが間違いなく高くなりますが、その分購入価格も高くなるので利回りは低くなってしまいます。

これを解消するには場所の選び方を工夫することです。「**基本は都心に近い不動産を選ぶこと**」ですが、予算や投資採算性を考えた場合のベストな場所については、次節で詳しくお話しします。

5 「供給過剰地域」と「事故物件」に注意せよ

ここまで、「❶新耐震基準前に建てられた古いマンション」「❷ひと部屋が異常に小さいワンルームマンション」「❸賃貸が成り立たない地域に建っている不動産物件」という注意点から、「こんな不動産を選んではいけません」というお話をしてきましたが、できればこれからお話しする2点も4番目、5番目の注意点として覚えておいてください。

❹供給過剰地域にある不動産物件
❺その部屋は自殺や他殺などが過去にあった「事故物件」でないか

6 選んではいけない❹ 供給過剰地域にある不動産物件

物件のある地域の空室状況がどうなっているか調べる

その地域のアパートやマンション全戸数に対する空室戸数は何パーセントくらいかを表してい

る「**空室率**」を調べてみましょう。

「**LIFULL HOME'S不動産投資**」のサイトにある「**見える賃貸経営**」（**http://toushi.homes.co.jp/owner/**）ページを見ると、だいたいの空室率がわかります。空室率の統計は**LIFULL HOME'S**掲載物件データを活用しているようです。活用方法としては、「**全国平均と比べたり、エリア間での比較として使う**」のがいいでしょう。一般的に「**都心であればあるほど、人気の高い地域であればあるほど空室率は低くなる**」傾向にあります。ちなみに不動産鑑定で計算する場合の空室率は5％という数字を使います。したがってこの本でもシミュレーションの空室率は5％を採用します。

空室率で気になるのが、地域的な要因のほかに、人の出入りが激しくなる時期やまったく動かない時期はどうなるかといった「季節的」な要因です。季節的な問題に関しては2～3月は人の移動が激しいので、その分不動産物件も多くなります。逆に、夏や年末は人の移動が少ない分、物件数が少なくなります。ということは、「**季節的な要因による空室率は、1年を通してあまり変わらない**」と思って大丈夫です。

空室率の目安

「**全国の空室率と比べて、検討している地域の空室率がどうなっているのか**」が、ひとつの目安になります。「**見える賃貸経営**」のページに、全国の空室率が載っています。たとえば「**〝賃貸用住宅〟の全国の空室率の平均が19・0％だとすると、これよりも高い地域だと空室率は高め**」ということになるので、注意が必要になります。ちなみに全国でも最も空室率が低いと思われる港区の賃貸用住宅の空室率は、同時期13・9％でした。最も空室率が低い地域と全国平均の差が5％ということは、数字的にはわずかな差しかありません。しかしこの差が投資リスクに大きく影響するということを覚えておいてください。

なお、ここには想定利回りも出ています。港区の利回りが全国に比べるといかに低いかがわかります。

7 選んではいけない⑤ 事故物件は何としても避ける

事故物件というのは、自殺や他殺などがあった不動産物件のことです。通常、「**事故物件は相場よりも3割近く安くなる**」といわれています。そして都心よりも田舎のほうが値段は安くなり、場合によってはいくら価格を下げても売却できない不動産もあります。しかし都心ではあまり気にしない人が多く、少し価格を下げると売買でも賃貸でもすぐに買手や借り手がつくケースも見られます。このような「**事故物件は売買・賃貸ともに、不動産業者が〝重要事項説明書〟で説明する義務があります**」。そして「何年以上経ったら説明しなくてもいい」という明確な判断基準はありません。過去の判例などから「**2～3年は説明するのが妥当**」のようです。ただし説明義務があるのは事故が発生した住戸のみとされており、隣室や階下の部屋については説明義務はありません。

あなたが検討している不動産物件が、もしかすると過去に事故物件だった可能性がないとはいえません。「**大島てる：事故物件公示サイト**」（**http://www.oshimaland.co.jp/**）では、全国の事故物件を開示しています。どこまで信憑性があるかは不明ですが、事故が起こった部屋まで特定できるため、多数の投資家がこのサイトを参考にしているようです。

8 なかなかないけれど、あれば超お得な不動産物件！

優良物件を探し出す裏ワザなんて、基本的には存在しません。これが正直なところですが、それでは身も蓋もなくなってしまうので、あえてお得な不動産物件を探す方法を挙げると、「**知りあいや仲のいい不動産会社から公開前の情報をもらう**」これに尽きます。こういった情報をもらえたら超お得ということになるのですが、お得感のある不動産物件は広告などで表に出ることはなく、不動産会社の営業担当の知りあい

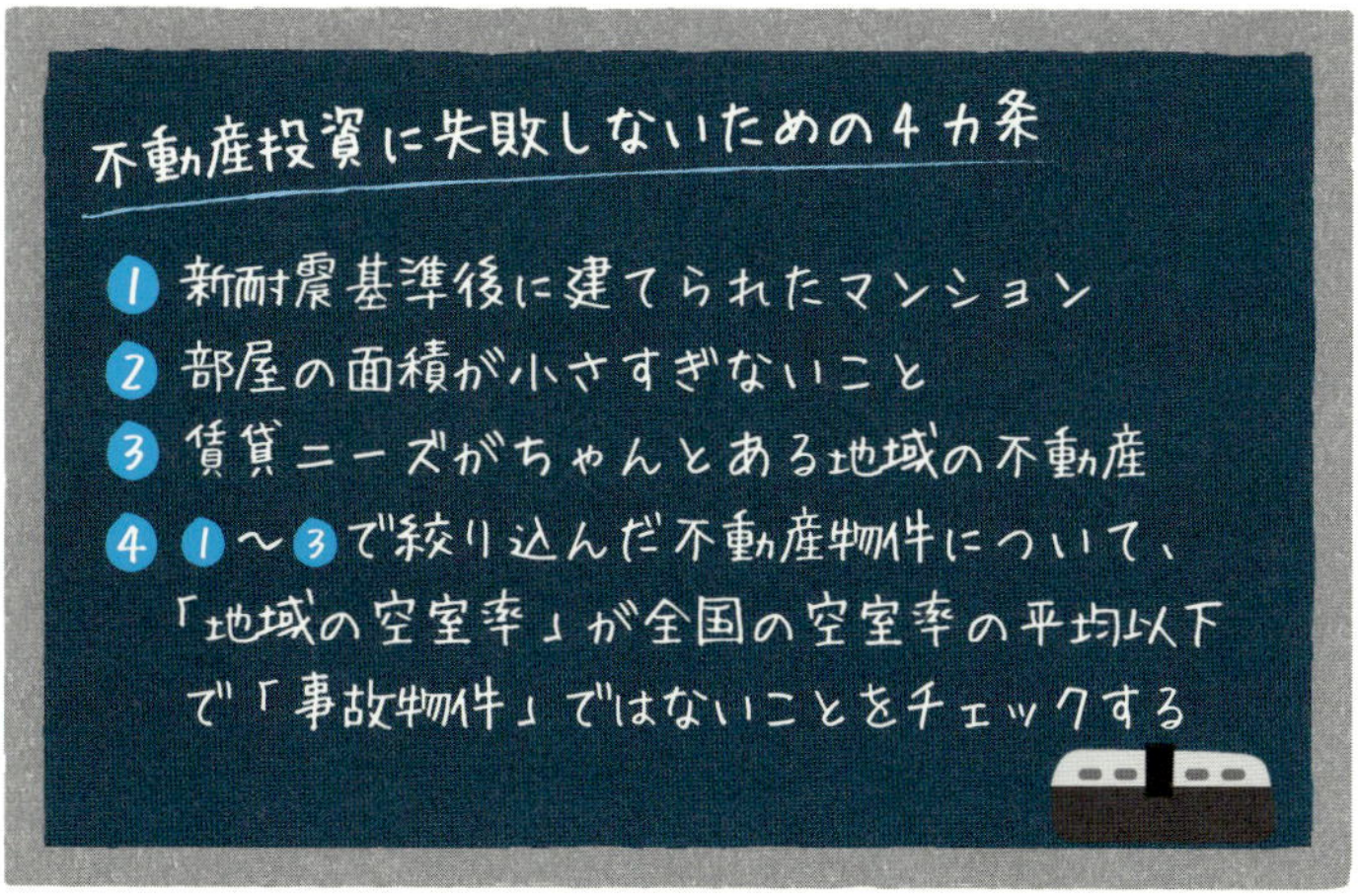
不動産投資に失敗しないための4カ条
1 新耐震基準後に建てられたマンション
2 部屋の面積が小さすぎないこと
3 賃貸ニーズがちゃんとある地域の不動産
4 1～3で絞り込んだ不動産物件について、「地域の空室率」が全国の空室率の平均以下で「事故物件」ではないことをチェックする

やストックしているお客様から決まってしまう場合がほとんどです。そういう意味では、「**優良物件の情報が手に入りそうな不動産会社の営業担当といかに仲よくなるかがポイント**」です。

どんな情報が「優良物件の情報」？

❶ 売主の事情で多少安くても早く売却したいと考えている不動産物件情報

次のような事情で早く手放したい不動産物件を、業界用語で「**売り急ぎ物件**」と呼びます。売主側の事情で早く現金がほしいため、一般的な販売価格よりもかなり安い価格で売却しようとします。売り急ぎ物件は、通常不動産会社が購入し、少しリフォームなどをして高い価格で再販しますが、運よく情報をゲットできれば、間違いなくお得物件になります。

- **離婚をするので早くマンションを売却して慰謝料に充てたい**
- **相続が発生したが税金を払うお金がないので、早く売却したい**
- **ローンの返済が厳しいので、安くてもいいから早く売却してしまいたい**

❷ 相場を下回る不動産物件情報

そんな不動産があるの？　と思われるかもしれませんが、売主が不動産についてまったく知識がなく、不動産会社に丸投げでお任せしていて、しかも不動産会社がその地域に精通していないケースでは、弱気な価格設定をしてしまうことがあります。また、価格が上昇しているのに気がついていない場合なども価格設定を間違えやすいことがあります。日ごろから物件の相場を見ている不動産会社から、そういった不動産物件情報をゲットできれば、間違いなくお得物件になります。

③ 不動産市場が落ち込んでいる時期の不動産物件情報

不動産物件の価格は、株や為替といった金融商品と同じように、一定のサイクルがあります。そのサイクルの判断はとても難しいのですが、たとえば平成バブルが崩壊したあとやリーマンショック後、不動産市場も大きく落ち込みました。毎年10％以上下落し続けた時期もあります。このようなときに利回りを重視して購入してみるのは面白いです。この時期に、高利回りの不動産物件情報を運よくゲットできれば、間違いなくお得物件になります。

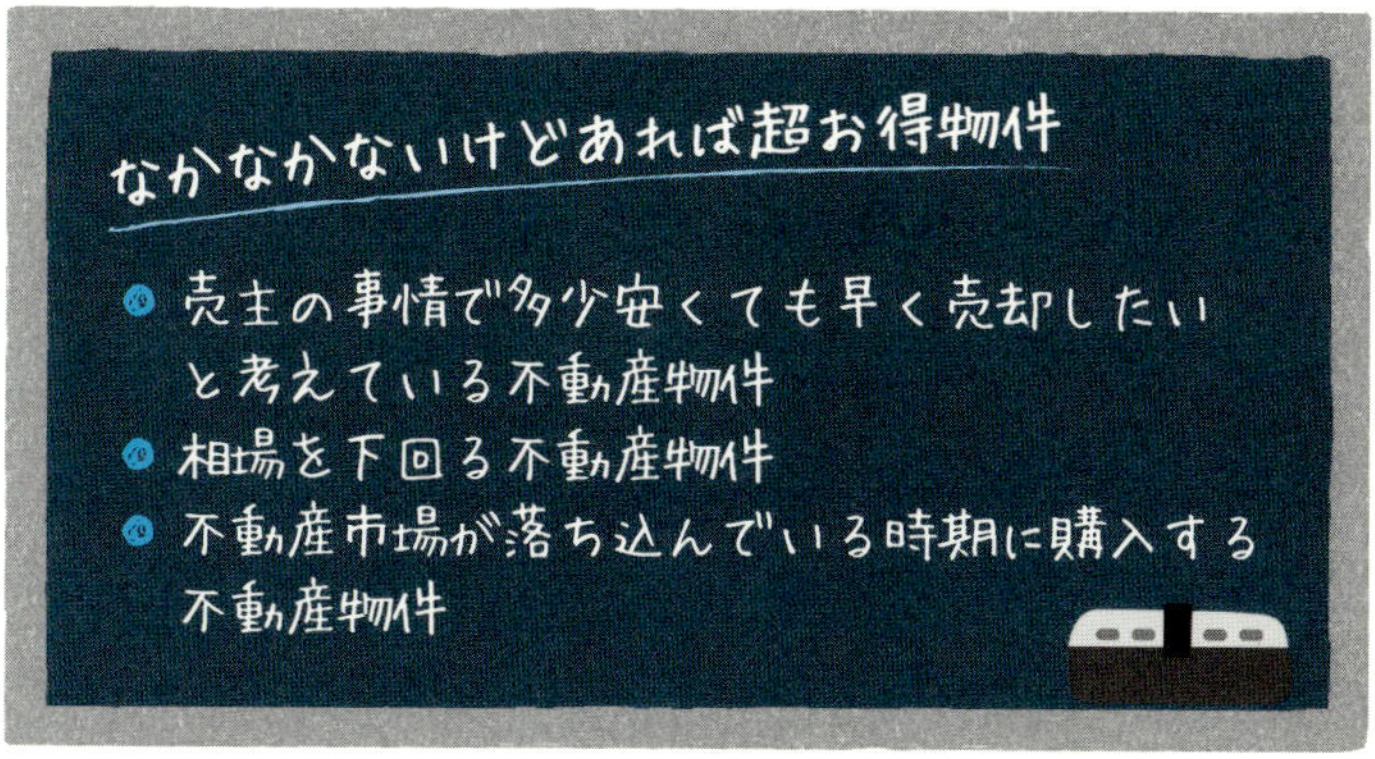

なかなかないけどあれば超お得物件
売主の事情で多少安くても早く売却したいと考えている不動産物件
相場を下回る不動産物件
不動産市場が落ち込んでいる時期に購入する不動産物件

02

Step 2　B級地域をねらう

1　B級地域ってどんなところ？

B級地域とはどういう地域だと思いますか？　これは私が勝手に名前をつけました。よく「B級グルメ」という言葉を聞くことがあるかと思います。A級グルメのように洗練された美しさや上品な味ではないけれど、値段もリーズナブルで十分満足できるのがB級グルメです。実は不動産にもB級グルメのような地域があるのです。

都心の一等地だったり、人気のあるお洒落な街や学生街など、いわゆるA級地域は、誰から見ても申し分のない立地条件や駅の周辺の不動産物件です。こういった不動産物件は、値段が高く利回りは低くなります。しかし、都心から少し離れているけれどねらい目の駅や地域があります。こういう地域がB級地域になるのです。

本書では、次の4つのいずれかにあてはまるような駅周辺をB級地域と呼ぶことにします。

❶ 複数の路線が交差している駅
❷ 土地区画整理事業や市街地再開発事業が行われている駅
❸ 大型商業施設が将来できる予定の駅
❹ 人気のある駅の2駅ほど先で各駅停車の駅

それではなぜこれらの地域がB級地域なのかを見ていきましょう。

2 ❶「複数の路線が交差している駅」がB級地域の理由

いわゆるターミナル駅といわれる駅は、複数の路線が乗り入れています。東京の「新宿」駅などは、ＪＲ線、小田急線、京王線、東京メトロ線が乗り入れている典型的な大ターミナル駅です。駅周辺には西武線、都営地下鉄も走っています。新宿は大都会の超Ａ級地域ですから不動産物件の価格も高くなってしまいます。

ですから、もっと都心から離れたところで複数の路線が交差している駅を探してみます。たとえば新宿から中央線の特別快速なら27分、各駅停車でも38分くらいのところにある「立川」駅がそうです。ＪＲ中央線、ＪＲ南武線、多摩都市モノレールなどが乗り入れています。また駅周辺は新しいデパートや大規模な商業施設が次々とできて、立川駅を使う人が年々増えています。もちろん地価も値上がりしていますが、それ以上に地域が発展しているので、区分所有マンションなどはお買い得な物件がたくさんあります。**「こういう地域は賃料も安定していて、入居者が退去しても次の借り手が短期間で見つかりやすい」**のです。まずは、あなたの住んでいる街周辺で「立川」のような駅を探しましょう。そして駅周辺の物件を探しましょう。

たとえば**「HOME'S不動産投資」**（**http://toushi.homes.co.jp/owner/**）のサイトにある**「見える賃貸経営」**で調べてみると、新宿区と立川市の築10年以内1Kマンションの平均賃料と平均利回りは下表のようになります。数値は調べた時期によってやや変動がありますが、傾向は変わりません。**「立川は新宿に比べると賃料は安いですが、物件の価格がさらに安いので利回りが高くなります」**。つまり、投資初心者でも買いやすいということです。

3 ②「土地区画整理事業や市街地再開発事業が行われている駅」がB級地域の理由

「土地区画整理事業というのは、道路、公園、河川などの公共施設を

● 新宿と立川の1Kの賃料と利回りの比較

	新宿区	立川市
不動産物件価格	1,800万円	820万円
賃料	8万9,600円	5万5,900円
表面利回り	5.9%	8.1%

整備・改善して土地の区画を整え、宅地の利用増進をはかる事業」のことです。また「**市街地再開発事業というのは、駅前の空いている土地や古い建物などを一帯で開発し、大きなビルにつくり変えるなどして地域を活性化させる事業**」のことです。どちらの事業も事業前と事業後では街が大きく変わります。

大阪の門真市は土地区画整理事業で蘇った

たとえば大阪の門真市では、古いアパートの建て替えにあわせて土地区画整理事業を実施しました。街区や敷地をきっちり整えて賃貸マンションへ建て替えたため、見違えるように街がきれいになりました。

土地区画整理事業を実施する前は次のような地域で、地震などにより火災が起こると大きな災害になってしまう危険がありました。

- **老朽化した木造アパートが建ち並ぶ**
- **4メートルない狭い道路に小さな木造の戸建住宅が密集している**

4メートルない狭い道路

道路の幅員《ふくいん》は建築基準法上4メートル以上必要です。ただし、法律ができる前の道路は将来建て替えのときに、道路の中心線からバック（セットバック）することを前提に、建築基準法上の道路として認められています。一般的に「42条2項道路」（216〜218頁参照）ともいわれます。

それが土地区画整理事業を実施したことで、街が蘇りました。

- **老築化した木造アパートは、耐震性にすぐれた耐火造のマンションに**
- **狭かった道路は道幅が広がり、地域全体が区画整備されたきれいな街並みに**

川崎も六本木も市街地再開発事業で街の格が上がった

また川崎駅前では、駅前のビルの設備が老朽化したために市街地再開発事業を実施しました。事業を行う前は中低層の古いビルが建ち並び、パッとしない駅前でしたが、事業を実施したことで高層ビルに建て替えられ、近代的な駅前に様変わりしました。お洒落な店舗が入ったことと買い物が便利になったことでより人が集まる街になりました。

そのほかにも、有名なところでは六本木ヒルズやミッドタウンなどがあります。六本木ヒルズは約400人もの民間地権者の利害を調整する市街地再開発事業で、竣工までに17年を要しました。六本木駅周辺は今でこそ、近代的な街並みとなりましたが、それまでは都心の一等地にありながら小さな戸建や木造のアパートが建ち並ぶあまり魅力のない街でした。一方ミッドタウンは、開発される前は防衛庁の施設が建っていました。六本木ヒルズ、ミッドタウンがオープンしたあとは街全体の格が上がり、地価も大きく値上がりしました。

整理事業や開発事業の計画のある地域をねらえ

この3つの例からわかるように、地域全体が魅力的な街に変わると集客力のある店舗が入ったり、大型施設やマンションが建ちます。それに伴って、その街に人々が流れ込んでくるので、賃貸マンションも人気が出るのです。これらの事業によってその地域は驚くほどきれいになり、整然として便利に生まれ変わります。そしてこういう地域の不動産物件は価値が上がるのです。

ここまで大きい事業は特殊ですが、小規模な事業はたくさんあります。どこで行われる予定があるのかは地方公共団体のサイトなどに載っています。たとえば**「横浜市」**のサイトでは**「市街地再開発事業等施行地区一覧表」（http://www.city.**

● 横浜市のサイトに載っている市街地再開発事業等施行地区一覧表

横浜市　トップメニュー　検索
都市整備局 Urban Development Bureau
都市整備局 >> 市街地整備調整課 >> 市街地開発の手法 >> 施行地区一覧表

市街地再開発事業

4 市街地再開発事業等施行地区一覧表　(平成２７年１月現在)

地区	区域面積	都市計画決定年度	施行者 ( ):予定	現状
鶴見駅西口	1.3ha	昭和43年度	市	完了
横浜駅西口(幸栄)	1.1ha	昭和52年度	（組合）	検討中
野毛町３丁目	0.7ha	昭和53年度	住都公団	完了
戸塚駅東口	1.8ha	昭和54年度	市	完了
ヨコハマポートサイド	4.0ha	昭和61年度	市	完了
杉田駅東口	0.8ha	昭和62年度	組合	完了
金沢文庫駅東口	0.6ha	昭和63年度	（組合）	検討中
二俣川駅北口	0.9ha	昭和63年度	組合	完了
上大岡駅西口	1.5ha	昭和63年度	市	完了
上大岡駅前	1.3ha	※　平成元年度	個人	完了
北仲通南	3.0ha	平成２年度	都市機構	事業中
戸塚駅西口第１	4.3ha	平成６年度	市	完了
野毛町３丁目北	0.4ha	平成８年度	市住公	完了
上大岡B	0.8ha	平成９年度	組合	完了
新子安駅西	4.2ha	平成９年度	組合	完了
大船駅北第一	0.6ha	平成10年度	組合	完了
ヨコハマポートサイドＦ－１街区	2.0ha	平成10年度	組合	完了
新杉田駅前	1.9ha	平成10年度	組合	完了
東神奈川駅東口	0.7ha	平成11年度	組合	完了

yokohama.lg.jp/toshi/seibichosei/dtech/saikai/chiku/）が前頁下図のように公表されています。

「事業中」もしくは「検討中」の地域の不動産物件を探す

この中で事業中もしくは検討中の地域を探して、その周辺の不動産物件の購入を検討してみましょう。ただし、再開発事業や土地区画整理事業をしているからといって、まったく知らない地域の不動産を選ぶのはお勧めできません。どうしても事業計画は計画にしかすぎないので、事業が完成したあとでイメージしていた街とは違った、人がそれほど流れてこなかったといったことが起こり得るからです。自分のよく知っている土地や地域、住んでいるところに近い地域、土地勘の

●「不動産・住宅サイト SUUMO」のサイトにある「再開発・複合開発エリアのマンション特集」のページ

ある地域であれば、地域をよく知っている分、情報も入りやすいしイメージがわきやすいでしょうから、そういった切り口で「事業中」「検討中」の周辺不動産物件をねらうのがB級地域ねらいのコツです。

ほかにも、リクルートが提供している「**不動産・住宅サイト SUUMO**」のサイトにある「**再開発で新しく生まれ変わる街**」(**https://suumo.jp/ms/shinchiku/sheet/001/**)に出ている情報を参考にして、今どこで事業が行われているのかを知ることができます。

4 ③「大型商業施設が将来できる予定の駅」がB級地域の理由

駅周辺や徒歩圏内の範囲にスーパーや量販店などの大きな商業施設ができると、その街は買い物が便利になるため、人が流れ込んできて不動産市場も人気が出ます。

大きな商業施設のオープン予定情報は、最寄りの役所、新聞やテレビ、インターネットなどで知ることができます。たとえば、こちらのサイトでは全国の商業施設のオープン予定がわかります。

「**Real iD**」のサイトにある「**2016~2022年商業施設オープン予定カレンダー**」(**http://realid-inc.com/column/2014/10/17-061828.html**)に今後の予定がまとめられています。こういう地域の不動産物件を購入するのは将来の価格の値上がりを期待した、転売利益をねらう面からも面白いです。

「武蔵小金井」のような街の商業施設の完成前に不動産物件を買う!

新宿まで特別快速で21分、各駅停車でも28分程度のＪＲ中央線の「武蔵小金井」駅は、都心まで近いわりにはつい最近までパッとしない駅でした。賃貸の人気も今ひとつさえない地域でした。ところが数年前、再開発事業によって駅前が劇的に変わりました。駅前にはＪＲ東京西駅ビル開発運営の「セレオ武蔵小金井」や「アクウェルモール」というショッピングビルと「イトーヨーカドー」ができました。

大きなスーパーとショッピングモールができたことで、駅の乗車人員が増え、人の流れが変わりました。ＪＲ東日本の発表によると２０１４年の「武蔵小金井」駅の1日平均の乗車人員は５万９３８６人で、再開発事業前の２００８年の５万５４１３人から比べると４０００人近く増えていることがわかります。

また２０１３年調査で、中央線の1日あたり乗車人員の10年前比較では「武蔵小金井」駅の伸び率は７・６％となっており第7位にランクされています。このように大型の商業施設ができると、駅の乗車人員が増えて人が集まり活気に満ちた街となります。「**B級地域において、商業施設の完成前にマンションをねらうのが基本**」です。

1日あたりの乗車人員の10年前比較（対2003年）

	JR駅前	伸び率	2013年度
1位	西国分寺	26.4	28,394
2位	中野	21.0	138,467
3位	武蔵境	11.3	65,331
4位	立川	10.1	160,411
5位	三鷹	9.8	92,724
6位	日野	9.0	28,651
7位	武蔵小金井	7.6	59,504
8位	西八王子	7.2	31,681
9位	西荻窪	5.5	42,402
10位	国分寺	5.4	108,819
11位	八王子	4.8	85,191
12位	東小金井	4.0	28,908
13位	荻窪	3.7	86,032
14位	東中野	0.5	39,554
15位	阿佐ヶ谷	0.2	44,298
16位	吉祥寺	0.1	139,282
17位	高円寺	-0.4	49,236
18位	豊田	-1.6	30,910
19位	大久保	-1.9	24,775
20位	国立	-3.6	53,237
21位	高尾	-7.0	30,284
参考	新宿	0.6	751,018

参考 鉄道沿線エリアマーケティング
（ハイライフ研究所：http://www.hilife.or.jp/datafile2014/t01.pdf）

④「人気のある駅の2駅ほど先で各駅停車の駅」がB級地域の理由

若者からだけではなく、幅広い世代から絶対的に支持される人気のある駅があります。たとえば東京でいえば**「下北沢」「代官山」「自由が丘」「吉祥寺」**といった駅です。

都心まで電車で15分程度で行けて、周辺には学校も多く、素敵なお店やレストランがたくさんあるので、新宿や渋谷に行かなくても、その街ですべてが事足りてしまいます。学生にもサラリーマンにも人気がある街です。当然のことながら賃料も高いので住むには少しハードルが高くなります。

こういう街は昔からの住宅地が多いので、まとまった規模の土地の供給が少ないため、新しいマンションがなかなか建ちません。ということは物件数が少なく、あっても築年数が古かったり幹線道路に面していて環境がよくなかったり、かなり高めの価格だったりします。ひと言でいうと、良質な物件が少ない地域なのです。

ここで少し目線を変えて、**「人気のある駅から2駅、ないしは4駅ほど先の急行が止まらない各駅停車の駅を選ぶのがポイント」**です。

「下北沢」なら「梅ヶ丘」か「千歳船橋」あたりをねらう

ここでは「下北沢」から4つ先の駅である「千歳船橋」で、次の条件の売り出し価格をレインズで調べて比較しました。

築年数 15年以内 **広さ** 18～25㎡ **駅徒歩** 10分以内

この条件で下北沢駅の坪単価を調べると２８０万円程度なので、６坪だと１７００万円になります。一方、千歳船橋駅の坪単価は２２０万円程度なので、６坪だと１３００万円になります。

賃料水準で見ると、下北沢駅の坪賃料は１万４０００円前後なので、６坪だと８万４０００円になります。一方、千歳船橋駅の坪賃料は１万２０００円前後なので、６坪だと７万２０００円となります。両駅の価格、賃料、利回りは下表のようになりました。

どうですか？　下北沢駅の１Ｋは、不動産物件の価格が高めで利回りは低いです。でも、４駅都心から離れるだけで、利回りが高い良質な不動産物件が数多く見つかります。

このように、「**人気のある駅の2～4駅先の各駅停車の駅の物件**」をしっかりとした基準で探すことが成功大家さんへの近道になるのです。

● **下北沢と千歳船橋の不動産物件（1K）比較**

1k：6坪	下北沢	千歳船橋
不動産物件価格	1,700万円	1,300万円
賃料	8万4,000円	7万2,000円
表面利回り	5.9%	6.6%

03

Step 3 表面利回りが12％以上出る不動産物件に絞る

1 表面利回りの考え方

あなたがいろいろ考えて選んだ不動産物件を、実際に購入して運用してみたら思ったより手取り収入が少なかった！　ということが往々にしてあります。そんなことになったら大変なので、どれくらいの手取り収入があるのかを簡単に表面利回りでシミュレーションしてみましょう。表面利回りの目安としては「**12％以上**」と決めてしまいます。

「表面利回り12％の不動産物件」の意味

表面利回りは、「**表面利回り ＝ 年間収入 ÷ 購入価格**」で求められます。たとえば年間の家賃収入が１００万円で表面利回り12％の不動産物件というのは、「**年間収入 ÷ 表面利回り ＝ 購入価格**」の式にあてはめると、「１００万円 ÷ 12％ ≒ ８３３万円」となります。

したがって年間の賃料収入が100万円、物件の購入価格が833万円の不動産物件ということになります。では、なぜ12％という数字が出てきたのでしょうか？

12％以上あればいいというのは、区分所有マンションの場合次の6つを経費として考えると、実際の利回りは2～4％低くなってしまうので、10％ではなく12％としています。

- 固定資産税
- 都市計画税
- 管理費
- 修繕積立金
- PMフィー
- 保険料

※管理費はマンション全体にかかる費用で、PMフィーは部屋の管理（クレーム管理など）のために不動産会社に払う手数料のこと

2 管理費、修繕積立金が高いマンションとは？

管理費、修繕積立金の額はマンションによって違います。なぜ管理費、修繕積立金の額が高くなるのでしょうか？　主な理由は次の4つです。

❶ マンションの戸数が少ない
❷ 管理がしっかりしている
❸ 築年数が経っている
❹ 家賃が安い

❶ マンションの戸数が少ない

マンションの戸数が少ないと、管理を行うにしても大規模修繕の積立をするにしても、1戸あたりの負担額がどうしても高くなってしまいます。ここは、大規模マンションのほうが有利です。

❷ 管理がしっかりしている

大手デベロッパーによるブランド物のマンションは、管理や修繕計画がしっかりと立てられている分、管理費、修繕積立金の額が高くなってしまいます。**「マンションは管理を見て買え」**と言われるほど、しっかりした管理のマンションは価値が高いので、一概に、管理費、修繕積立金が高いマンションを悪いとはいえないのです。

❸ 築年数が経っている

新築のマンションに比べて築年数の経っているマンションは、修繕にお金がかかるため、修繕費が高くなっているマンションが多いのも事実です。

❹ 家賃が安い

家賃が安くても高くても管理や修繕にかかるお金はあまり変わらないので、家賃が安いと、その分管理費、修繕積立金が賃料収入に占める割合はどうしても高くなってしまいます。

たとえば、管理費、修繕積立金などの経費の合計が1万円かかる場合、家賃が3万円のマンションなら約33・3％（1万円÷3万円）が経費ですが、家賃が6万円のマンションだと経費の割合が約16・7％（1万円÷6万円）に下がります。

このように、賃料が安い部屋は経費の割合が高くなってしまうのです。

3 ほかにもかかる費用を含めて考えると最終的に12％になる

「固定資産税」「都市計画税」「管理費」「修繕積立金」「PMフィー」「保険料」のほかにかかる費用があります。それが次の2つです。

● 空室リスクに備える費用

● クリーニング費用＋修繕費

入居者が長く住み続けてくれるのが理想です。入居者が退去すると、その後の部屋のクリーニングや修繕（マンション全体の修繕ではなく部屋の中の修理など）に費用がかかります。とはいっても空室リスクや修繕費は毎年発生するものではなく、1年で出てしまう入居者もいる一方で、20年以上住み続ける入居者もいるので、これらの経費はかなり流動的です。

平均的に4年程度で退去していくとすると、「**こういった経費を引いて、空室になっても賃貸経営をするうえで十分に成り立つ目安の利回りが、表面利回り12％**」になります。

04 購入予定の不動産物件を見つけて利益計算をしてみる

1 気に入った物件の見つけ方

早速「**楽待**」（**http://www.rakumachi.jp/**）で1K程度の区分マンションを検索してみます。

検索条件はまず、**Step 2** でお話しした都心から遠くないエリアとして都道府県を「**神奈川県**」、物件種別を「**区分マンション**」、価格を「**500万円以下**」、利回りを「**12％以上**」として検索しました。

さらに「**検索条件変更**」から、**Step 1** でお話ししたように、新耐震基準が適用されているマンションを選ぶので、築年数は安全に「**30年以内**」とします。こうすれば、建て替えの可能性もクリアできます。

また建物構造を「**RC造・SRC造**」とします。するとたくさんの不動産物件がヒットしたので、その中から、次頁の図の物件を選びました。

物件の概要を確認しながら、表面利回りのシミュレーションをしてみます。

検索条件のほかに、**Step 1** に照らしあわせて、専有面積が17・01㎡と5坪以上あるので、異常に小さいということはなく標準的な1Kマンションであること、駅から徒歩12分なので駅から遠くなく、小田急線生田駅ということで都心からも遠くないこと、近隣に大学が2校あることでワンルームマンションの需要があると判断して、これらをプラス材料としました。

さらに、**「見える賃貸経営」**のサイトで空室率を調べてみると、川崎市多摩区は賃貸用住宅の空室率が15・7％と全国平均の19・0％を下回っているので、空室リスクが低い地域にある物件といえます。

最後に、**「大島てる：事故物件公示サイト」**で多摩区を調べてみて、事故物件ではないことが確認できました。

これで、お目当の物件を探し当てたことになります。

●「楽待」で見つけた気になる不動産物件の概要

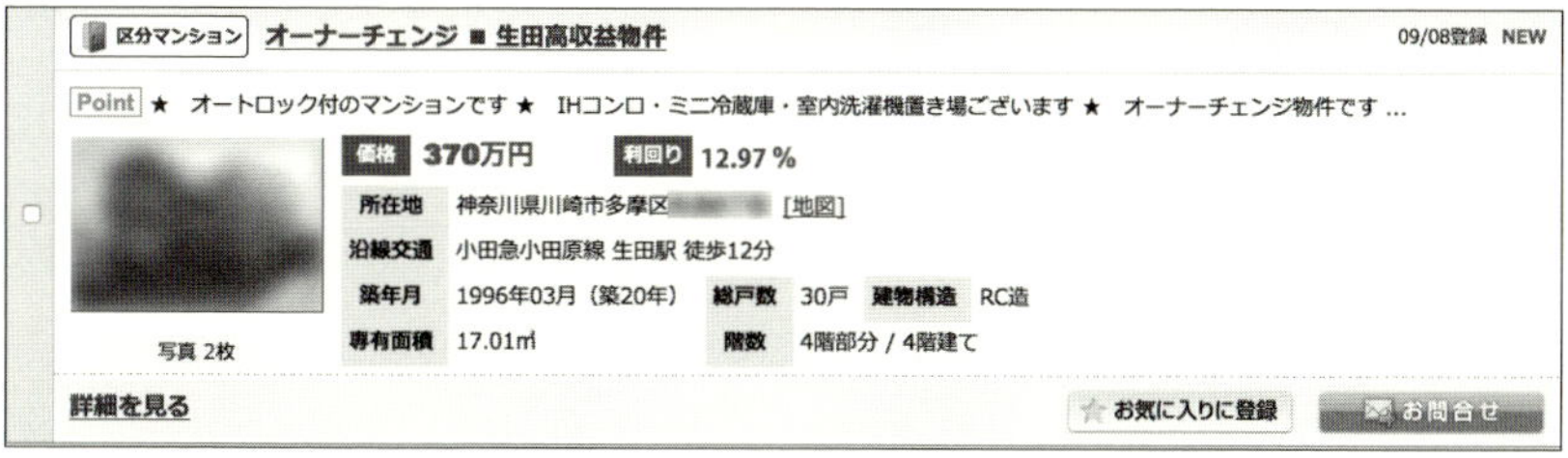

- 購入金額：370万円　・月額賃料：4万円　・月額管理費：3,500円
- 月額修繕積立金：4,000円

※ 上記の不動産物件はフィクションであり、実在の不動産物件とは一切関係ありません。

2 現金で購入した場合の利益計算のシミュレーション

これで、いよいよ利益計算のシミュレーションに入れます。はじめて不動産投資をする人は現金購入が基本です。この物件を現金で購入した場合のシミュレーションをしてみましょう。

現在4万円で貸しているオーナーチェンジ物件であり、同じマンション内の同じ間取りの家賃をネットで調べてみても賃料は妥当であると判断しました。

表面利回りの計算の式は、「**表面利回り ＝ 年間賃料収入 ÷ 購入価格**」です。

では、この物件を現金で購入した場合の利益計算をする手順を次頁に「**STEP**」に分けて解説します。「**STEP**」に沿って計算してみると、毎月の手取り収入が2万6０００円、実質利回りが8・4％になることがわかりました。３７０万円を元手に毎月2万6０００円の収入があるわけですから、銀行に定期預金するよりは効率のよい投資といえます。利回り8％以上の商品というのも今の世の中では探すのが難しいのではないでしょうか？

では次に、この物件で自己資金を１００万円用意して、ローンを２７０万円組んだ（金利：2・5％、返済期間：15年、年利計算）シミュレーションをしてみます。先に答えを言ってしまうと、２７０万円のローンを組んだ場合は、１００万円の自己資金で、毎月７８２８円の手取り収入があることになります。ローンを組んだレバレッジ投資は資金効率がとてもいい反面、空室が続いたり大きな金額のリフォーム費用がかかって持ち出しになる場合もあるので、貯金などの

STEP 1 表面利益を計算してみる。

・年間家賃収入：4万円 × 12カ月 = 48万円

・表面利回り：48万円 ÷ 370万円 ≒ 12.97%

↑表面利回り

STEP 2 年間に出ていく費用を計算してみる。

費用 固定資産税と都市計画税はこの段階ではわからないので、だいたいの数字を入れておきます。税額は場所や築年数によって違ってきますが、1Kの場合は1万円から3万円の間くらいになります。

・管理費　：3,500円 × 12カ月 = 4万2,000円

・修繕積立金：4,000円 × 12カ月 = 4万8,000円

・固定資産税・都市計画税（推定）：　2万円

・PMフィー：2万4,000円〔48万円 × 5%（年間賃料の5%）〕

・保険料　：1万円

・空室率　：2万4,000円〔48万円 × 5%（年間賃料の5%）〕

合計：16万8,000円

STEP 3 実際の手取り収入はいくらになるか計算してみる。

・手取り収入：48万円 − 16万8000円 = 31万2000円

↑年間の手取り収入

・月額：月額：31万2000円 ÷ 12カ月 = 2万6000円

↑月額の手取り収入

STEP 4 実質利回りを計算してみる。

・実質利回り：31万2000円 ÷ 370万円 ≒ 8.4%

↑実質利回り

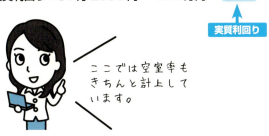

STEP 1 表面利益を計算してみる。

・年間家賃収入：4 万円 × 12 カ月 ＝ 48 万円

・表面利回り：48 万円 ÷ 370 万円 ≒ 12.97%

↑ 表面利回り

STEP 2 年間に出ていく費用を計算してみる。

費用 固定資産税と都市計画税はこの段階ではわからないので、だいたいの数字を入れておきます。税額は場所や築年数によって違ってきますが、1K の場合は 1 万円から 3 万円の間くらいになります。

・管理費　　：3,500 円 × 12 カ月 ＝ 4 万 2,000 円

・修繕積立金：4,000 円 × 12 カ月 ＝ 4 万 8,000 円

・固定資産税・都市計画税（推定）：　2 万円

・PM フィー：2 万 4,000 円〔48 万円 × 5%（年間賃料の 5%）〕

・保険料　　：1 万円

・空室率　　：2 万 4,000 円〔48 万円 × 5%（年間賃料の 5%）〕

・ローンの支払い（年間）：21 万 8,069 円

合計：38 万 6,069 円

STEP 3 実際の手取り収入はいくらになるか計算してみる。

・手取り収入：48 万円 − 38 万 6,069 円 ＝ 9 万 3,931 円

↑ 年間の手取り収入

・月額：9 万 3,931 円 ÷ 12 カ月 ≒ 7,828 円

↑ 月額の手取り収入

STEP 4 自己資金利回りを計算してみる。

自己資金利回り※＝ 9 万 3,931 円 ÷ 100 万円 ≒ 9.39%

↑ 自己資金利回り

※ 収入を自分が実際に出した金額で割った利回り

蓄えをしておくことを忘れないでください。なお実際には、このような小さなワンルームマンションに融資をする金融機関はかぎられているので、その点の注意も必要です。金利が高かったりローンの年数が短かったりして、借りる側が不利なケースも多くあります。この物件で一部ローンを組んで購入した場合の利益計算をする手順を右頁で「**STEP**」に分けて解説します。

3 不動産会社に連絡をしてみよう

ここまでの計算で、先ほどの不動産物件は、現金で購入してもローンを併用しても問題ないことがわかりました。次に、「**Googleマップで場所の確認をし、ストリートビューで周辺を見てみましょう**」。問題がなさそうなら、その物件を取り扱っている不動産会社に実際に連絡をしてみましょう。

「楽待」のお問いあわせフォームからのメールでもいいですが、ここまで来たら早いほうがいいので、すぐにでも電話で次のことを問いあわせてみましょう。

❶物件のあるなしの確認
❷今後の手順についての確認

それと同時に、不動産会社に頼んで、「**現地に物件を見に行きましょう**」。

現地に見に行く際のチェックポイント

すでに入居者がいる「**オーナーチェンジ物件の場合は、部屋の中は確認できないので、その代わりに外観を入念にチェック**」します。同じ築年数でも管理の行き届いているマンションとそうでないマンションでは見かけに大きな差が出ます。きれいなマンションは売却するときもスムーズに売れますが、荒れているマンションはなかなか売却できない恐れがあります。よくチェックできる晴れた日の昼間に確認に行くようにしましょう。

なお、「**現在空室の物件を購入する場合は部屋の中を見せてもらい、リフォーム状況がどうなっているか、どこか壊れているところがないかを確認**」しましょう。もし十分にリフォームされていない場合には、リフォームしてもらえるかどうか、もしくはリフォーム代を売買代金から引いてもらえるかどうかを確認します。

下表のチェックポイントを参考に不動産会社の担当者にどんどん質問してみましょう。

● 現地で不動産物件を見る際のチェックポイント

チェックポイント	チェック内容
外壁のチェック	マンションの外壁がタイル張りの場合はタイルが薄汚れていないか、はがれていないかなどのチェック。モルタルの場合は、ひびが入っていないか汚れていないかのチェックをする
エントランスのチェック	エントランスまわりのお掃除が行き届いているか、ポスト、エレベーターまわりはきれいかどうか
自転車置き場およびマンション周辺のチェック	自転車置き場は整然と自転車が並んでいるか、マンション周辺が荒れていないかどうか
廊下、階段部分のチェック	廊下、階段等のお掃除は行き届いているかどうかのチェック

5時限目 気に入った物件が見つかったら、契約をしよう！

不動産会社に物件の有無を確認し、現地も確認して、いざ購入という段階まできたら、次は不動産会社に今後の手順を確認しましょう。

01 契約するまでにチェックしておくことと契約までの流れ

1 「契約の流れ」は8つのステップ

不動産を購入する場合の「契約までの流れ」は、一般的に次頁の8ステップに沿って進みます。ローンを利用しないで、現金で購入する場合には、Step6とStep7を飛ばして進みます。この8つのステップの中には契約前の重要なチェック項目も入っています。

自宅を購入したことがある人は何となく流れがわかると思いますが、それでも契約となると緊張するものです。ましてやはじめて不動産を購入する人にとっては、契約はどういう流れでやるのかとても心配だと思います。たいていは不動産業者の担当者が道筋を示してくれますが、自分でも流れがわかっていれば、重要ポイントをチェックしたり、余裕を持って必要書類などを準備することができ、契約をスムーズにすることができます。

では、各ステップを次節以降で詳しく見ていきましょう。

● 契約前のチェック事項および契約までの流れ

Step 1
「賃貸借申込書」のチェック
→ 現在、どんな人がどんな契約で入居しているのか確認する

Step 2
「重要事項に係る調査報告書」のチェック
→
・長期修繕計画がしっかりしているか確認する
・修繕積立金の総額、滞納額も忘れずに確認する

Step 3
買付（購入）の申し込み（不動産買付証明書）
→ 不動産買付証明書の注意事項と書き方

Step 4
売買契約準備
→ 売買契約までに用意しておく5つのものを確認する

Step 5
売買契約
→ 契約の流れを押さえる

Step 6
ローンを利用して不動産物件を購入する場合
→
・申し込みと契約の流れを押さえる
・自分にあった金融機関を選ぶ
・もう一度物件を確認しに行こう！

ローンを利用しない場合は、Step 5 のあと、Step 8 に飛ぶ

Step 7
残金決済前準備
→ 残金以外にもこまごまとした金銭のやり取りがあるので注意する

Step 8
残金決済および物件引き渡し
→ これで物件はあなたのものになります！

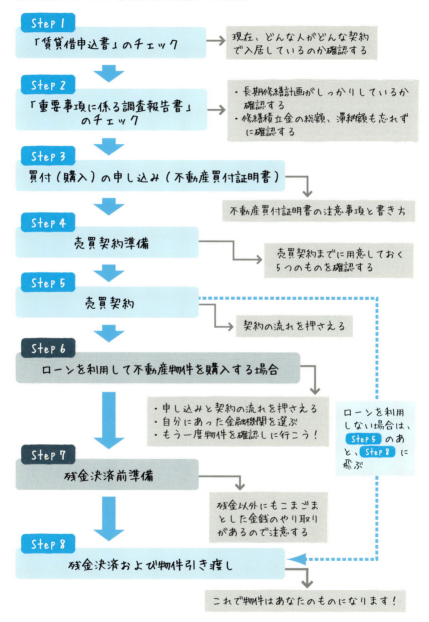

02

Step 1 「賃貸借申込書」のチェックポイント

1 現在、どんな人がどんな契約で入居しているのか確認する

不動産業者に購入の意思を伝えたら、「購入の申し込み」をする前に確認することがあります。それは「賃貸借申込書」と次節でお話しする「重要事項に係る調査報告書」の内容チェックです。

すでに入居者がいる物件を購入することを、「オーナーチェンジ」といいます。この場合、現在の入居者がどんな人でどんな契約をして入居しているのか確認する必要があります。必ず**「不動産会社に〝賃貸借申込書〟を見せてもらう」**ようにします。確認するポイントは次の3つです。

❶ 今どんな人が入居しているのか
❷ 何年くらい住んでいるのか
❸ 誰が連帯保証人になっているのか

※なお、個人保護法の観点から賃貸借申込書を見せてもらえない場合もあります。その場合も①～③の内容は確認するようにしましょう。

賃貸借申込書サンプル

No.　　　　　　　　　　　　　　　　　　　　　　　　年

物件名	レジデンス生田の森				申込日 2014年2月10日
物件所在地	神奈川県川崎市多摩区〇-〇-〇				
家　賃	40,000円	管理費 3,500円	共益費 0円	そのほか（　　　）	円

ご契約者

フリガナ タナカ　マユミ 氏名 田中　真由美	生年月日 T S (H) 7年 7月10日生 18歳	性別 男・(女)
現住所 東京都中野区中野〇-〇-〇		
TEL （03）0000 － 0000	ご住居	1. 自己所有　(2)家族所有 3. マンション（分譲） 4. 賃貸住宅　5. 寮・社宅 6. そのほか（　　　）
メールアドレス mayumi@xxx.ne.jp		
携帯番号 （080）0000 － 0000		
転居理由 大学入学のため		
勤務先名称（または学校名） 〇〇大学		アパート・マンション名　号室
所在地 神奈川県川崎市多摩区〇-〇-〇	業　種	従業員数　名 / 居住年数　名
TEL （044）0000 － 0000	資本金　万円	勤　続　年 / 年　収　万円

契約者以外の入居者

	氏　名		勤務先・学校名など	☎

駐車車両	
車名	
車種	
車番	
車名	
車種	
車番	

連帯保証人

フリガナ タナカ　カクゾウ 氏名 田中　角造	続柄 父	生年月日 T (S) H 37年 9月5日生 51歳	性別 (男)・女
現住所 東京都中野区中野〇-〇-〇			
TEL （03）0000 － 0000		ご住居	(1)自己所有　2. 家族所有　3. マンション（分譲） 4. 賃貸住宅　5. 寮・社宅　6. そのほか（　）
勤務先名称 株式会社　はるミックス			アパート・マンション名　号室
所在地 東京都豊島区東池袋〇-〇-〇		業　種 食品卸	従業員数 20名 / 居住年数 25年
TEL （03）0000 － 0000		資本金 2,000万円	勤　続 20年 / 年　収 2,000万円

※ 上記のとおり記載物件の申込をいたします。なお貸主または管理会社より当該申込が受託されない場合において、受託拒否の理由説明などを明示されなくても異議は申し述べません。

※ 入居者名簿記載事項に不実の記載があるときや各自治体が定める反社会的勢力排除条項に反した場合は、入居の権利を取り消されることがあります。また工事都合や現入居者の都合など、やむを得ない事情による入居日の変更を予めご了承ください。

契約者（署名）　田中　真由美　(印)

2 ❶ 今どんな人が入居しているのか

1Kマンションの場合は、ほとんどが単身者のひとり住まいとなります。「どんな人が入居しているのか」を知るために次の4点をチェックしましょう。

- 男性か女性か？
- 学生か社会人か？
- 年齢はいくつか？
- どういう職業か？

ここでは単純に「20歳の女子大生」ということを確認するだけではなく、20歳の大学生ならあと2年で卒業して解約する可能性が高いとか、社会人でも結婚や転勤で退去することもあるとか、自分がオーナーになったときのことを考えましょう。また、入居者がどんな職業の人なのかもチェックが必要です。

たとえば、入居者がアルバイトやパートの場合には、正社員よりも職業がやや不安定になるので、180頁の「**4 ❸ 誰が連帯保証人になっているのか**」を参考に、連帯保証人の欄をより丁寧にチェックする必要があります。

ほかには、「**今までに賃料の滞納がなかったかどうかも調べる**」必要があります。いくら入居者つきの物件でも、その借主が賃料を支払わなかったり延滞するような人ならマイナス要因となるからです。

3 ② 何年くらい住んでいるのか

入居者つきの不動産物件は何年ぐらい住んでいるのが理想か

1Kやワンルームのマンションに住む人はほとんどが学生や独身者なので、社会人になって会社の寮に入ったり、結婚したりして、平均すると4年程度で引っ越していきます。たまにそのマンションがとても気に入っているという理由で、10年以上、中には20年以上住んでくれる人もいます。収益が安定するので、それはとてもありがたいことですが、10年、20年住んだ入居者が出たときは、そのあとが大変です。きれいに使っていたとしても、クロス、天井、床、給湯器、エアコン、場合によってはキッチン、便器など、ほぼすべての設備を取り替えなければならないこともあります。そうすると1年くらいの賃料は軽く吹っ飛んでしまいます。購入時点では空室よりも入居者つきのほうが人気がありますが、**「現在の入居者があまりにも長く住んでいる場合は、今後大きな費用がかかる」**ことを念頭に置いておいてください。

理想は「**1年くらい住んでいる入居者の部屋を購入する**」ことです。これくらいの年数だと、引き続き住んでくれる確率は高いですし、もし退去したとしても入居時と中の状態はそれほど変わっていないと思われます。

退去時の費用負担

退去時のオーナー（貸主）と入居者（借主）の費用負担については、原則次のようになります。

- **経年変化の汚れはオーナーが負担**
- **入居者の帰責事由による損傷は入居者が負担**

たとえば15年間住んでいた入居者が退去した場合、エアコンの交換もクロスの替えも経年劣化の結果生じたものとしてオーナーの負担となるのが原則です。1年で退去した部屋のクロスがたばこのヤニでまっ黒になっていたら、全額ではないとしてもほぼ入居者の負担になります。しかし、預かっている敷金を超えた額のリフォーム費用を別途徴収することは難しいのが現実です。

ここでよく問題になるのが、ハウスクリーニング費用はどちらが負担するのかということです。国土交通省の「**原状回復をめぐるトラブルとガイドライン**」によると、「貸主は家賃という対価を得ている以上、借主に対して使用収益させる義務を負っており、貸主は使用収益させるための修繕義務を負っている」とされているので、「**ハウスクリーニング費用は原則、オーナー（貸主）の全額負担**」となります。それではオーナー側の負担が多すぎるということで、契約書の「特約等」でハウスクリーニングの費用は入居者（借主）負担としている場合があります。この特約がついていても、つねにハウスクリーニング費用が入居者の負担になるわけではなく、少なくとも次のような条件を満たす必要があります。

A ハウスクリーニングを専門業者に頼む必要があること
B 契約書にハウスクリーニング費用の額を明示したうえで、入居者負担であることを書いていること
C 入居者がハウスクリーニング費用を負担することを理解して了承していること

このように、原状回復費用は一部のハウスクリーニングの負担があること以外は、ほとんどがオーナーの負担となります。その対策として、**「毎月の家賃の一部を、入居者が出たあとの修繕資金として積み立てておく」**ようにします。目安としては、**「家賃の1割程度」**は積み立てておきましょう。また預かっている敷金は、一部クリーニング費用などを差し引いたら、入居者に返金するものです。つい自分のものだと思い込んで、使ってしまう大家さんが多いのですが、いざ敷金の清算をするときに、「返すお金がない」ということになったら大変ですから、**「別口座に保管しておいて、いつでも返せるようにしておきます」**。

入居者がペットを飼っていたらどうする？

分譲マンションの場合は、管理規約で「ペット可」となっているところが多くあります。賃貸に出す場合は「ペット不可」にしている場合がほとんどですが、なかなか決まらないと、少しでも貸しやすくするために「ペット可」にしていることもあります。契約書を見てペット可になっている場合は、次の3つに注意してください。

Ⓐ 敷金を多めに預かっているか
Ⓑ 契約書に退出するときの原状回復義務として、「壁紙の張り替えとクリーニングの費用は、入居者が負担する」などの特約が定められているか
Ⓒ ペットの種類、頭数、飼育方法などがきちんと定められているか

「**ペットを飼っている入居者が退出したあとは、原状回復にかなりのお金がかかる可能性があります。それに対する対策がなされているかどうかを契約書でチェック**」しておきましょう。

4 ③ 誰が連帯保証人になっているのか

親や親族が連帯保証人になっているケースが1番安心できます。知人程度だと、家賃が滞納したときに賃料を支払ってもらえないケースも多々あるからです。また、今は「**家賃保証会社**」を活用する例もたくさんあります。「**誰が連帯保証人になっているのか、もしくは家賃保証会社を利用しているのかを必ずチェック**」してください。

5 「事務所可」の不動産物件は基本プラス

管理規約で「事務所可」となっているマンションの多くは、駅から近いとか交通の便がいいところに建っています。

「事務所可」の物件は希少性があり、「**〝居住用〟より〝事務所可〟のほうが賃料も高くなります**」。入居者が会社の場合は、その業種、業績などについても、しっかりチェックする必要があります。事務所可のマンションは借りてくれる人の範囲が広がるので、マイナスではありません。ただし「**マンションが雑居ビル的な印象となり、グレード的にはマイナスになる可能性もある**」ので、注意が必要です。

家賃保証会社

家賃保証会社とは、賃貸住宅の契約時に必要な賃借人の連帯保証人を代行する会社のことです。家賃保証会社を使うと、入居者は連帯保証人がいなくても部屋を借りられ、大家さんは家賃滞納となった場合に家賃回収をしてもらえます。

保証料は契約時に家賃の○○%（30～50%程度が多いです）、更新時に○万円などという形で入居者が支払うことになります。計算のしかたは家賃保証会社によって異なります。

主な家賃保証会社

アプラス、エポスカード、オリエントコーポレーション、ジャックス（信販）、セディナ、ライフ（信販）、etc.

03

Step 2 「重要事項に係る調査報告書」のチェックポイント

1 長期修繕計画がしっかりしているか確認する

「賃貸借申込書」同様、必ずチェックしなくてはいけないのが「**重要事項に係る調査報告書**」です。「**不動産物件の大切なことが書かれている報告書なので、不動産会社に必ず見せてもらう**」ようにします。この書類は、マンション管理会社が発行しているものです。売買契約時に行われる重要事項説明の内容も、この「重要事項に係る調査報告書」から引用されることが多いです。この報告書を事前に見ることで、そのマンションがどういった不動産物件であるか把握することができます。たとえばこの報告書には、購入予定の不動産物件の管理費や修繕積立金などの金額はもちろん、その不動産物件で滞納があった場合にはその金額も記載されています。

不動産物件の所有者が管理組合に対して管理費などの滞納があった場合には、新しくその不動産を購入した人が引き継ぐことになってしまうので、必ず事前にチェックしておかなくてはいけません。「重要事項に係る調査報告書」には、次の内容が書かれています。

- **調査依頼日**
- **対象となる物件名や部屋番号、所在地、建築年次**
- **修繕積立金総額**
- **管理費、修繕積立金の月額**
- **管理費、修繕積立金の滞納額（購入予定の部屋とマンション全体の両方）**
- **管理費、修繕積立金の改定予定**
- **管理組合の借入金の有無**
- **修繕工事履歴**
- **管理形態**
- **大規模修繕改修工事に関する予定**
- **アスベストや耐震診断の有無など**

この中で特に気をつけなくてはいけない項目は次の4つです。

❶ 修繕積立金総額
❷ 管理費、修繕積立金の滞納額（購入予定の部屋とマンション全体の両方）

❸修繕工事履歴
❹管理形態

では、一つひとつ詳しく見ていきましょう。

2 ❶修繕積立金総額

マンションの資産価値を維持するためには、適切なときに適切な修繕工事を行うことが必要です。そのためにほとんどのマンションでは「**長期修繕計画**」を作成し、これに基づいて「**修繕積立金**」を積み立てています。

国土交通省の「長期修繕計画作成ガイドライン」では、次のように記載されています。

- **将来見込まれる修繕工事および改修工事の内容、おおよその時期、概算の費用などを明確にする**
- **計画修繕工事の実施のために積み立てる修繕積立金の額の根拠を明確にする**
- **修繕工事および改修工事に関する長期計画について、あらかじめ合意しておくことで、計画修繕工事の円滑な実施を図る**

● 重要事項に係る調査報告書サンプル（抜粋）

株式会社ソーテックス不動産御中

発行番号　○○○○○

重要事項に係る調査報告書

調査依頼年月日	2015年12月10日		
マンション名称	レジデンス生田の森	号室	403
所在地	神奈川県川崎市多摩区 ○-○-○		

調査項目	報告事項			
管理規約	発行：20 ○○年○月（専有部分の用途・利用制限は管理規約のとおりです）			
修繕積立金総額	（預 金）	￥16,000,000 −		2015.12.1 現在
	（　　）			
そのほか修繕積立金運用額	積立マンション保険額		￥0 −	2015.12.1 現在
	修繕積立債権		￥0 −	2015.12.1 現在

管理費などの月額 ＜ 2015.12.20 現在＞		備　考	
管理費	￥3,500 −		
修繕積立金	￥4,000 −		
駐車場	￥10,000 −	使用権の継承　　不可	
		−	
		−	

当該専有部分における管理費などの滞納額		備　考	
該当なし			2015.12.1 現在

当該管理組合における管理費などの滞納		備　考	
管理費など	￥517,800 −		2015.12.1 現在

当該管理組合における修繕積立金等の滞納額		備　考	
修繕積立金など	￥230,520 −		2015.12.1 現在

管理組合の借入		備　考	
借入金残高		ありません	2015.12.1 現在

建築年次※	1996年3月	管理形態	全部委託	管理員勤務形態	巡回

※ 建築年次について：記載の建築年次は、竣工年月です。当社で把握している竣工年月は、登記簿上の新築年月と異なる場合があります。

共用部分等の修繕実施状況（当該管理組合の「一定年数の経過ごとに計画的に行う修繕」とし、当社の情報提供可能な範囲とします。なお、専有部分の修繕の実施状況については、売却依頼主に確認してください）

実施年月	修繕部位・工事名	実施年月	修繕部位・工事名
2014年12月	給水ポンプ交換工事（陸上）		
2010年　2月	ルーフバルコニー防水改修工事		
2010年　2月	屋上防水改修工事		
2010年　2月	大規模修繕工事		
2002年　1月	給水ユニット他交換工事		

重要事項に係る調査報告書サンプル（抜粋）（続き）

<table>
<tr><td colspan="5">そのほかの事項（本報告書発行日現在において、管理組合総会または理事会にて承認されている内容とします）</td></tr>
<tr><td colspan="2">管理費等の改定予定</td><td>なし</td><td>備考</td><td></td></tr>
<tr><td colspan="2">大規模修繕工事予定</td><td>なし</td><td>備考</td><td></td></tr>
<tr><td colspan="2">建物診断実施の検討</td><td>なし</td><td>備考</td><td></td></tr>
<tr><td colspan="2">大規模修繕工事実施時期の検討</td><td>なし</td><td>備考</td><td></td></tr>
<tr><td colspan="2">同工事に伴う特別負担金の検討</td><td>なし</td><td>備考</td><td></td></tr>
<tr><td colspan="2">同工事に伴う借入金等の検討</td><td>なし</td><td>備考</td><td></td></tr>
<tr><td colspan="5">管理規約上の規定・規則等</td></tr>
<tr><td colspan="2">ペット飼育</td><td>不可</td><td>備考</td><td>管理規約を遵守してください</td></tr>
<tr><td colspan="2">フローリング規制</td><td>あり</td><td>備考</td><td>管理規約を遵守してください</td></tr>
<tr><td colspan="2">楽器などの演奏</td><td>可</td><td>備考</td><td>管理規約を遵守してください</td></tr>
<tr><td colspan="2">くらしスクエア</td><td>あり</td><td>備考</td><td></td></tr>
<tr><td colspan="2">トータルセキュリティサービス</td><td>なし</td><td>備考</td><td>インターホンシステムを利用したセキュリティサービス</td></tr>
<tr><td colspan="2">鍵預かり</td><td>なし</td><td>備考</td><td>警備会社への鍵預託</td></tr>
<tr><td colspan="2">住まいレスキュー</td><td>なし</td><td>備考</td><td>お部屋内の不具合に無償で駆けつけるサービス</td></tr>
<tr><td colspan="2">防災備蓄</td><td>なし</td><td>備考</td><td>災害用の防災備品を防災畜倉庫に備蓄</td></tr>
<tr><td colspan="2">電力一括購入</td><td>なし</td><td>備考</td><td>管理組合の電気料金支出を削減できるサービス</td></tr>
<tr><td colspan="2">ケーブルテレビ設備</td><td>なし</td><td>備考</td><td></td></tr>
<tr><td colspan="2">BS 設置</td><td>なし</td><td>備考</td><td></td></tr>
<tr><td colspan="2">CS 設置</td><td>なし</td><td>備考</td><td></td></tr>
<tr><td colspan="2">地上波デジタル設備</td><td>あり</td><td>備考</td><td>CATV 経由にて視聴可</td></tr>
<tr><td colspan="2">インターネット設備</td><td>あり</td><td>備考</td><td></td></tr>
<tr><td colspan="2">インターネットサービス供給業者</td><td colspan="3">NTT</td></tr>
<tr><td colspan="2">自主運用会計有無</td><td>なし</td><td>備考</td><td></td></tr>
<tr><td colspan="2">管理事務所の電話番号</td><td colspan="3">03-0000-0000</td></tr>
<tr><td>駐車場</td><td>なし</td><td>－</td><td>備考</td><td></td></tr>
<tr><td>自転車置場</td><td>なし</td><td>－</td><td>備考</td><td>マンション敷地内（エントランス前）に駐輪・無償</td></tr>
<tr><td>バイク置場</td><td>なし</td><td>－</td><td>備考</td><td>駐輪不可</td></tr>
<tr><td>トランクルームなど</td><td>なし</td><td>－</td><td>備考</td><td></td></tr>
<tr><td colspan="5">管理費などの徴収方法（管理規約の規定により、当マンションの管理費などは口座振替により徴収いたします）</td></tr>
<tr><td colspan="5">※ 振替日：毎月 27 日（銀行休業日の場合は翌営業日）
翌月分の管理費などを区分所有者などが指定する預金口座より振り替えます。
※ 取扱金融機関などについては、別途当社よりご案内いたします。
※ 新たに区分所有者などになられた場合は、口座振替のお手続きのため別途「預金口座振替依頼書」をご提出ください。</td></tr>
</table>

購入しようとしているマンションが、このガイドラインに基づきしっかりと修繕計画が立てられているか、そして修繕積立金の総額がどれくらいあるかを調べる必要があります。修繕計画が立てられていても、積み立てられている金額があまりにも少ない場合は、修繕しようにもできないということになります。修繕積立金の額は、「重要事項に係る調査報告書」1ページ目の上段に「**修繕積立金総額**」として書かれています（185頁参照）。

たとえば修繕積立金総額が現時点で1000万円以上貯まっていれば、すぐに大規模修繕やそのほかの修繕をするにしても、このプールされているお金から実施することができるので心配はいりません。もし「**修繕積立金総額が100万円以下で、10年近く大規模修繕などの修繕工事を行っていないとしたら、修繕計画がきちんと立てられていない、ずさんな管理のマンションである**」といわざるを得ません。こういったマンションは、購入した途端、何か大きな修繕費用が発生するかもしれないので、注意が必要です。

なおマンションによっては、「駐車場収益」や「敷地の一部を電力会社や携帯電話の中継地として貸す」ことでまとまった賃料収入が発生して、月々の修繕積立金の額が少なくても十分に積み立てられている物件もあります。こういうマンションはお得で人気も高くなります。

3 ② 管理費、修繕積立金の滞納額（購入予定の部屋とマンション全体の両方）

「購入予定の部屋の管理費、修繕積立金に滞納がある場合は、売主が引き渡しまでに滞納金の全

額を支払うことを条件にする」必要があります。滞納金があるままの状態で契約することはまずないと思いますが、万が一契約してしまうと、その滞納金は購入した新所有者が支払うことになります。

また同じマンションのほかの部屋に関しても、滞納金が発生していないかどうかをチェックしておきましょう。ある程度の滞納があるのはよくあることですが、その額があまりにも大きいと感じたときは注意が必要です。「**滞納額が多く、回収できない状況にあるということは、マンションの管理、運営、大規模修繕がきちんと実施できなくなる恐れがある**」からです。

4 ③ 修繕工事履歴

修繕工事履歴には「**修繕が行われた日付**」が載っています。ここを見れば、今までどの程度の修繕が行われてきたのかがわかります。ここでは特に「**〝大規模修繕〟がいつ行われたか、そして次回はいつ行われるのか**」に注意しましょう。大規模修繕は10年から12年に1度行われるものですが、築年数によっても工事内容は変わってきます。

新築後10～12年後に行われる第1回目の大規模修繕は、主に外壁改修工事が中心となります。その後24～30年程度経ったときに行われる第2回目

● **重要事項に係る調査報告書の「管理費、修繕積立金の滞納額」部分**

当該専有部分における管理費などの滞納額			
該当なし			2015.12.1 現在
当該管理組合における管理費などの滞納		備　考	
管理費など	￥517,800 －		2015.12.1 現在
当該管理組合における修繕積立金等の滞納額			
修繕積立金など	￥230,520 －		2015.12.1 現在

専有部分の滞納額

マンション全体の滞納額

の大規模修繕では、外壁のほか、屋根や設備の修繕工事が必要になります。このようにマンションの修繕は取り壊されるまで継続的に行うことになりますが、あなたの購入するマンションがこの修繕計画のどの時期に位置するのかを確認するようにします。

たとえば、大規模修繕後1～2年しか経っていないとしたら、外壁や設備はとてもきれいな状態で、次の修繕までにかなりの期間があることになります。逆に、1年後に大規模修繕の予定があるとしたら、修繕中はマンションに足場が組まれ、ベランダを開けても幕が張ってあるため景色が見えないなど、環境が悪くなります。修繕費が足りない場合には各戸が持ち出しになることもあります。そのあたりを踏まえると、「**理想は大規模修繕をしたばかりのマンションを購入する**」ことですが、これはかりはそうそうタイミングよくはいきません。

5 ❹ 管理形態

管理形態が自主管理の場合、気をつけなくてはいけない注意点が多々あります。

たとえば毎月支払う修繕積立金の額が少なく、修繕積立金が十分に積み

● 重要事項に係る調査報告書の「修繕工事履歴」部分

実施年月	修繕部位・工事名	実施年月	修繕部位・工事名
2014年 12月	給水ポンプ交換工事（陸上）		
2010年　2月	ルーフバルコニー防水改修工事		
2010年　2月	屋上防水改修工事		
2010年　2月	大規模修繕工事		
2002年　1月	給水ユニット他交換工事		

立てられていない場合があります。自主管理でも意識の高い入居者による管理組合は、コスト削減を含め非常にうまく機能していますが、投資用マンションのように自分が住んでいない場合は管理組合が上手く機能せず、管理がずさんなマンションも多いのが現状です。そのようなマンションは、築年数の割に外観が薄汚れていたり、壁のあちらこちらに亀裂が入っていたりします。これらは、実際に物件を見て確かめる必要がありますが、最初は何を基準にチェックするのかとても難しいです。「**はじめて投資物件を購入する場合は、管理組合が管理会社に管理委託しているマンションを購入するのが無難**」です。

では、購入を検討しているマンションが管理委託なのか自主管理なのかを判断する方法を見ておきます。

❶管理形態：全部委託
❷管理方式：巡回
❸管理会社：〇〇株式会社

右のように書いてあったら、マンションの管理は管理会社に「全部委託」されていること。管理人がマンションに常駐しているのではなくて、定期的に立ち寄る形式（巡回）であること。管理会社は〇〇株式会社であることがわかります。

これが「自主管理」の場合だったら、「管理形態：自主管理」となっています。「**小さな敷地に**

建てられた小規模なマンションは戸数が少ないため、管理を委託すると各戸の負担が大きくなりすぎるので、自主管理とならざるを得ない場合が多々あります」。こういうマンションは修繕積立金も十分に積み立てられていないケースがあるので、特に注意が必要です。

自主管理の場合も全部委託の場合も、「重要事項に係る調査報告書」1ページ目の上段の「修繕積立金総額」の欄を必ずチェックしてください。

ちなみに今までどんな修繕を行ってきたかも、この報告書を見れば一目瞭然でわかります。

先ほども触れましたが、自主管理の場合は現地に行って次の点をチェックする必要があります。

- **壁に亀裂が入っていないか**
- **外観が薄汚れていないか**
- **日常の清掃がきちんとされているか**

そのほか、「**管理費、修繕積立金の改定予定**」がある場合には、「重要事項に係る調査報告書」にその旨記載されています。

管理費、修繕積立金の上昇や値下がりは手取り収入に直接関係してくるので、チェックが必要です。修繕積立金が十分に積み立てられているマンションでは、値下げされることもあります。そういうマンションでは、管理組合がしっかり機能しており、よりコストのかからない管理会社に変えるなどの工夫をしていることが多いです。

04 そのほかの注意点

1 不動産物件に抵当権がついていた場合

よくあるのが、不動産物件に抵当権がついていることです。抵当権とは、「**金融機関がお金を貸す際に不動産物件に設定する担保のこと**」です。通常の取引では、「**売主が抵当権設定登記を抹消して物件を引き渡します**」。

一般的には、決済時に買主が支払った代金によって売主が借入金残額を一括で返済し、「**抵当権抹消登記**」と「**所有権移転登記**」とを同時に行います。

また契約前に、仲介の不動産会社は「**債権者である金融機関に、抵当権抹消が可能かどうかを確認**」します。抵当権がついている場合には、念のため「**〝抵当権の抹消が確実に行われるかどうか〟を必ず仲介の不動産会社に確認する**」ようにします。もし売買代金よりも債権額のほうが大きい場合（オーバーローンといいます）は、通常の仲介の不動産会社であれば「**抵当権設定登記**

を抹消できないため契約解除になった場合に損害が生じないように方策を講じてくれる」はずです。

もし万が一、このような方策をしないで契約を進める仲介の不動産会社だとしたら、信頼ができないどころか、損害を与えられる危険もあるので、取引を止めて、ちゃんと処理できる不動産会社を選ぶようにしましょう。

2　マンションは何年くらいもつものなのか。もう一度「築年数」について考えてみる

鉄筋コンクリートのマンションは、理論的には１００年以上もつといわれています。でも実際には「**40年程度で建て替え、60年程度の寿命**」と考えられています。躯体が１００年もったとしてもマンションの場合は配管などの問題があるからです（大規模修繕では配管なども取り替えますが、費用が多大になる場合もあります）。また昔につくられたマンションは、天井高（床から天井までの高さのこと）が低かったり、エントランスや廊下などが現在のニーズとあわないという問題もあります。

抵当権がついている物件に出会ったら

- 契約前にオーバーローンになっていないかどうかを確認する
- 決済時の抵当権設定登記が抹消されてから引き渡されるかどうかを確認する

管理会社が修繕計画に基づき、きちんとメンテナンスしているかどうかにより寿命も大きく違ってきます。メンテナンスを怠ったため、40年経たないうちにぼろぼろになってしまっているマンションも見られます。反対に都心のマンションなどは1970年代に建てられたものでも、修繕をしっかりしていることで、外観もとてもきれいで値崩れしていないマンションがたくさんあります。古くても都心の一等地はすでにマンションが建っていて開発の余地がないため、希少性があり、修繕がしっかりされている不動産物件は人気が高いのです。

投資物件として選ぶ場合、築年数はどう考える

築年数が新しい物件に越したことはありませんが、立地条件がよくて築年数が新しいとなると、購入金額も高くなり利回りも低くなってしまいがちです。立地条件を優先するなら、ある程度の築年数はやむを得ません。**「基準としては築30年以内が理想」**です。それよりも古い不動産物件でもメンテナンスがしっかりされていれば問題ありません。

たとえば新耐震基準（1981年）以降に建てられたマンションでも、すでに30年以上経っているものもあります。10年所有したとすると築40年を超えてしまいます。しかし、メンテナンスがしっかり行われていれば、さらに20年程度は大丈夫だと考えられます。ただし築50年近くとなると、建て替えを意識しておかなくてはいけません。そうなると、10年をすぎて投資資金をほぼ回収したら、資産の入れ替えとして、売却することを検討すべきです。市場がいいときに売却して、もう少し築年数の新しいマンションに買い替えるのもひとつの方法です。

3 誠実な不動産コンサルタントの見極め方

最近「不動産コンサルタント」を名乗る人をよく耳にします。かくいう私も「不動産鑑定士・不動産投資コンサルタント」と名乗っています。そのコンサルタントが、「本当に実力がある人なのか」「本当に信頼できる人なのか」を見極める必要があります。なぜなら今まで多くの「信頼できない不動産コンサルタント」を目にしてきたからです。本を何冊も出版している、セミナーをたくさんやっているからといって、信頼できるかどうかはわかりません。その人が本当に信頼できるかどうかの判断ポイントは、次の3つにかかっています。

- **「不動産投資のリスク」をきちんと話してくれるか？**
- **紹介する物件の「難点」をきちんと説明しているか？**
- **最後まできちんと面倒を見てくれるか？**

特に最初の2つを説明せずに、いいことばかりをいうコンサルタントは信用できません。なぜなら、利回りも立地も築年数も間取りもすべてパーフェクトな不動産なんて、出会うことはまずないからです。立地もいいし築年数も新しいけれど、利回りは低くて部屋が小さいとか、立地・利回りはよいが築40年以上経っているとか、すべてがパーフェクトな不動産はまずないと思ってください。

そこで、**「いいことしか言わないコンサルタントは危険」**なのです。今までそういうコンサルタントに騙されたたくさんの被害者にお会いしてきました。しかし、**「投資用の不動産物件の購入は、最後はすべて自己責任」**になるということを肝に銘じておいてください。

騙したコンサルタントが悪いといえても、そのコンサルタントの責任を追及して、損失を回復することはまずできないからです。

不動産投資の「リスク」と「難点」を説明してくれる人を選ぶ

そのコンサルタントが「最後まできちんと面倒を見てくれる」人であるかどうかを判断するには、**「不動産投資の〝リスク〟と〝難点〟をしっかりと説明してくれる人かどうか」**が決め手です。「リスク」と「難点」をしっかりと説明してくれる人は、誠実な人である場合が多く、お客様を途中で放り投げるようなことはしないものです。しかし世の中の不動産コンサルタントには、不動産投資の「リスク」と「難点」をきちんと説明してくれる人が少ないので注意してください。

また、騙されたり、失敗しないようにするためにも、不動産投資をする前に**「不動産投資とはいったいどういうものなのか」「どういうリスクがあるのか」**、自分でしっかりと勉強する必要があるのです。

Study 2

敷金、礼金って何でしょう？

賃貸借契約をするときにかかる費用として、敷金、礼金、前払い家賃、仲介手数料があります。敷金、礼金の額は地域によってもかなり違います。東京では敷金、礼金ともに2カ月程度が標準ですが、関西では敷金10カ月、出るときに2か月差し引いて返還などという契約もあります。しかし現在では敷金は取ることがあっても礼金はゼロという契約も多くなっています。

ところで、この敷金、礼金というのはどういう意味なのでしょうか？

敷金は入居者の債務を担保

敷金は、担保としての性格を持つものです。たとえば賃借人が家賃を払わないとか、部屋を引っ越すときに入居者負担のクリーニング費用が発生した場合などは、預かっている敷金から差し引いて入居者に返還することになります（この場合利子はつきません）。

礼金は感謝の気持ち？

敷金に比べて礼金はその意味あいがあまりはっきりしていません。大家さんに対して、「部屋を貸してくれてありがとう」という感謝の気持ちを表したものだともいわれています。礼金は敷金と違って入居者に返還されないお金です。

更新料って何でしょう？

更新料をめぐっては法律には何ら規定がないため、裁判で争われたケースもありましたが、2011年7月15日に判決が言い渡されました。

「賃貸住宅の契約を更新するにあたり、賃料と比して高すぎるという事情がないかぎりは更新料を支払う旨の契約は有効である」とされました。

つまり、更新料を支払う旨の特約があって、しかも更新料が高すぎなければ入居者からもらえるということです。更新料の相場に明確な決まりはありませんが、0.5～1カ月程度徴収している場合が多いようで、地域によっても違います。

最近はこの更新料を払わなくてもいい不動産物件も増えているようで、逆に「2年間住んでくれてありがとう」というお礼を込めて海外旅行をプレゼントする貸主もいるほどです。時代はそういう流れになっているように感じます。

05 Step3 買付（購入）の申し込み（不動産買付証明書）

1 「不動産買付証明書」を出すときのチェックポイント

「申し込んだ」というタイミングはいつ？

ここまでで物件に問題がなければ、いよいよ購入の申し込みをします。通常は「**あなたが署名押印した〝買付証明書〞が不動産会社経由で売主に届いた段階で、申し込みを入れた**」という扱いになります。

購入希望金額の決め方

買付証明書には購入希望価格と物件名を書きますが、購入希望価格が売り出し価格よりも低い場合は売買が成立しないこともあります。あたりまえのことですが、不動産の価格は需要と供給の関係で決まるので、購入希望者が多いときはなかなか指値が通りにくくなり、反対に売りたい人のほうが多いときは指値が通りやすくなります。

では、165頁で選んだ不動産物件を例（下図）に、購入希望価格の決め方を見ていきます。

指値をするときは、いくらで指値をするのが適当なのか？　とても迷います。ほかの投資家からも買付証明が出たときのことを考慮する必要があります。「その物件がどうしてもほしい場合」と「指値が通ったら買ってもいいかなくらいに思っている場合」とでは、指値金額が変わってきます。どうしてもこの物件がほしい場合は、指値の額はできるかぎり売り出し価格に近い金額にすべきです。

「売りに出したばかりの物件なのか、ずっと売れずに残っている物件なのか」、また**「過去に値下げしたことがあるかどうか」**によっても指値が通るかどうか、指値の幅が変わってきます。仲介不動産会社の担当者に、それとなく確認するのがいいでしょう。

● 「楽待」で見つけた気になる不動産物件の指値を決める

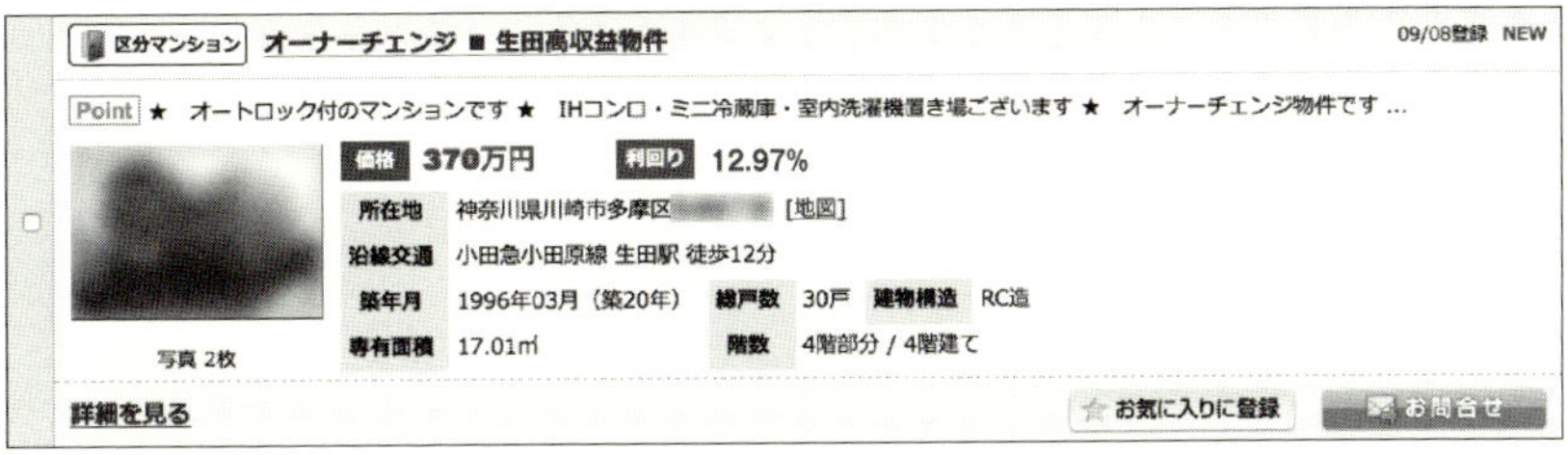

- 購入金額：370万円　・月額賃料：4万円　・月額管理費：3,500円
- 月額修繕積立金：4,000円

今回の不動産物件は370万円で売りに出ているので、「**指値は1割以内の金額**」で考えて、330万円〜360万円の範囲が妥当です。1割以上になると売り出し金額と指値額との差が大きすぎて、売主も仲介業者も相手にしてくれないケースが多くなります。

不動産買付証明書を出してもキャンセル料はかからない

ちなみに買付証明書には、キャンセルしても金銭的なペナルティは発生しません。したがって、何となく雰囲気で買付証明書を書いて売主に渡したけれど、その後よく考えたらキャンセルしたくなったという場合でもキャンセル料はかかりません。でも不動産会社の心証が悪くなり、その後いい物件を紹介してくれなくなる可能性もあるので、できるだけ安易に買付証明書を出すのはやめましょう。

現金で購入するなら、最大限アピールする

また、人気のある物件はすぐに1番手、2番手、多いときでは6番手ぐらいまで購入希望者がつくことがあります。したがって、買付を入れたからといっても必ず買えるとはかぎりません。いい不動産物件はほかの投資家もねらっているということを忘れずに、迅速かつ適正な対応が重要です。また3番手の場合でも、1、2番手の購入者がキャンセルをしたり、ローンがつかなかったりして結果として買えることもあるので、あきらめないことも大切です。

不動産業者はローンがつかなくてキャンセルになるのを嫌がり、現金購入する顧客を第一優先

にする場合があります。そういう意味でも現金購入は大きな力を持っているので、「**現金で購入する場合には、〝現金で買います〟ということをアピール**」すべきです。

ちなみに買付証明書は、不動産業者にお願いするともらえます。

不動産買付証明書サンプル

平成○○年10月25日

株式会社ソーテックス不動産　様

不動産買付証明書

住所：東京都中野区中野○-○-○
氏名：　真田　遼　（真田）

私は、下記表示の不動産を購入したく、下記条件にて申し込みいたします。

＜希望条件＞
1. 買付希望価格　　金　3,500,000－　円
2. 支払方法
　　手付金　　金　350,000－　円
　　残代金　　金　3,150,000－　円
3. ローン特約　　有・（無）←（注）現金購入のため
4. そのほかについては売主・買主別途協議のうえ、取り決めるものとする。
5. 有効期限：本書の有効期限は、平成○○年12月25日までとする。

以上

＜不動産の表示＞
● 所　　在：神奈川県川崎市多摩区○-○-○
● マンション名：レジデンス生田の森
● 部屋番号：403
● 専有面積：17.01㎡

2 ローンを組む場合は？

ここではローンを組む場合の買付証明書の注意点をお話しします。不動産買付証明書にはいろいろなひな形がありますが、ローンを組む場合には「**ローンの金額**」と「**ローン特約**」の有無を見ておきましょう。

「ローン特約」があれば、万が一ローンが降りないときは無条件で契約解除できる

あなたが金融機関からお金を借りることを前提に売買契約を締結し、融資の全部または一部について承認が得られなかった場合は、その売買契約を無条件で解除することができるしくみです。この場合、手付解除や契約違反などの解除の適用はされず、支払済みの手付金は買主に返還されます。

「ローン特約」をつけないとあなたは支払った手付金を放棄して契約解除するか、または損害賠償金や違約金を請求されることになってしまいます。そうならないためにも、「**買付の段階で、ローン特約の〝有〟に丸をつける**」必要があります。逆にいうと、だから売主や仲介業者は現金で購入する人を優先したくなるのです。

なお「事前審査」の段階で銀行から「融資をします」という承諾をもらっていても、正式な融

資承認ではないので、「やっぱり融資はできない」ということもあります。ローンを組む場合には事前に銀行から融資の承諾をもらっていても、必ず「ローン特約　有」に丸を付けるようにしてください。

金利について（詳細は232頁参照）

ローンを組む場合は、できれば不動産買付証明書を出す前に、ある程度の金融機関にあたって**「自分はどのくらいの金利でどのくらいの額の融資を受けられるのか」**確認しておくようにします。

金利はお金を融資してくれる金融機関とあなたの年齢、職業、購入する不動産によって変わってきます。試しにローンの申し込みをしてみるといろいろなことがわかるので、ぜひ挑戦してみてください。

ただし何度も繰り返し言います。**「融資を不動産投資の最重要ポイントに挙げている本もたくさん見られますが、初心者が投資物件をはじめて購入する場合はあくまでも現金購入が基本」**です。

ローンを組んだら、「どれくらいの金利でどれくらいの額の融資を受けられるのか」試しに金融機関にあたってみましょう。

06 Step 4 売買契約の準備

1 売買契約時に必要なもの

不動産買付証明書を書いて、その後もろもろの条件が無事にクリアされ、いざ契約となったら、売買契約までに次の5点を用意しておきます。

❶ 印鑑（ローンを利用する場合は実印）
❷ 印紙代（売買金額によって異なる）
❸ 手付金（現金か預金小切手か事前に確認）
❹ 仲介手数料の半額分の現金（半金）
❺ 運転免許証など（本人と確認できるもの）

売買契約の準備となると緊張しますが、何かすごいものを用意するわけではないので安心してください。

もし売買契約の締結に本人が出席できない場合は、「**本人の委任状**」と「**印鑑証明書**」が必要になります。ローンを利用する場合は、別途「**ローン申込の書類**」なども必要となります。

2 売買契約書に貼付する印紙代について

売買契約書に貼付する印紙代は、購入する不動産の金額によって変わります。

印紙は原則として売主、買主それぞれが契約書に貼付しますが、売主または買主いずれかの契約書がコピーの場合もあり、その場合の「**印紙代は通常、売主と買主で折半**」となります。

印紙代は下表のとおりで、令和4年3月31日までは軽減税率が適用されます。

● 不動産売買契約書の印紙代

契約金額	軽減税率が適用された印紙代
10万円を超え50万円以下のもの	200円
50万円を超え100万円以下のもの	500円
100万円を超え500万円以下のもの	1,000円
500万円を超え1,000万円以下のもの	5,000円
1,000万円を超え5,000万円以下のもの	1万円
5,000万円を超え1億円以下のもの	3万円
1億円を超え5億円以下のもの	6万円
5億円を超え10億円以下のもの	16万円
10億円を超え50億円以下のもの	32万円
50億円を超えるもの	48万円

3 手付金はトラブルが多いのでしっかり覚えておこう

手付金の金額については特に決まりがあるわけではありませんが、「売買代金の10％程度」が多いようです。手付金はトラブルが多いので、注意が必要です。

手付金には次の3つがあります。

❶ 証約手付
❷ 解約手付
❸ 違約手付

手付金を放棄することが最後の契約解除の手段

特に定めがない場合、**「手付といったら解約手付」**となります。解約手付は、相手方が履行に着手するまでは、買主はすでに支払った手付金を放棄する（返還を求めない）ことで、また売主はすでに受け取った手付金の倍額を買主に返すことで、**「売買契約を解除することができる手付」**のことです。

売買契約書の「手付解除」の欄が「全文抹消」（空欄）となっていた契約書がありました。この場合には、手付金を放棄して契約を解除することができない契約になっていたのです。「**手付金を放棄して契約を解除することは、契約をやめる最後の手段なので、この部分はしっかりチェックする**」必要があります。

証約手付は契約が成立したという証拠として支払う手付のことです。契約は文書によらず口頭だけでも成立し、どの段階で契約が成立したのかがわからない場合もあるため、契約の成立を証明するために交付される手付のことです。手付金の領収書が契約の成立の証拠となる場合があります。

違約手付は、契約の当事者に契約違反があった場合、損害賠償とは別に違約の「罰」として没収することができる手付のことです。

手付には3種類がありますが通常は解約手付のことを指すので、証約手付、違約手付に関してはそういう手付もあるんだなくらいに思っていれば大丈夫です。

4 仲介手数料を支払うタイミング

仲介手数料については、「**残金決済時に一括で支払うケース**」と「**契約のときに半金を支払い、残りを残金支払いのときに支払うケース**」があります。売買の仲介手数料は、2時限目01でお話ししたように購入代金の「3％＋6万円」（別途消費税がかかります）となります。仲介手数料は物件を紹介してくれた不動産会社に支払うものです。したがって売主から直に買った場合は、仲介する不動産会社が介在しないので仲介手数料はかかりません。しかも売主が不動産会社の場合は、不動産会社が通常は契約書を作成してくれるので、買主は契約書をチェックするだけで足ります。

これに対し、売主が個人の場合には自分たちで契約書を作成しなくてはなりません。たとえば、購入後、水漏れが起きた場合、「売主に損害賠償を請求できるか？」もめることがあります。こういった問題を未然に防げるように契約書の中で「契約不適合責任」など大切な事項を決めておくべきなのですが、素人が作成するのは少し荷が重すぎます。不動産会社が介在しないと仲介手数料を支払わなくてすみますが、それよりも大きなもめごとが生じ多額の弁護士費用がかかることにもなりかねません。個人間で売買を行うときは、契約を不動産会社に代行してもらうというのも、あとあともめごとを生じさせないためのひとつの方法です。**「不動産会社に契約を代行してもらう際の費用は、購入代金の1〜2％程度」**が多いようです。

5 契約までにチェックしておくべき4つの書類

契約までに次の4つの書類を仲介不動産会社から送ってもらい、自分でチェックする必要があります。もし自分でチェックするスキルがない、時間がないという場合には、契約書のチェックを代行してくれる会社もあるので活用するようにしましょう。

❶ 不動産売買契約書

❷ 重要事項説明書
❸ 購入マンションの管理規約、使用細則
❹ 登記簿謄本（全部事項証明書）のチェック

6 契約までにチェックしておくべき書類❶ 不動産売買契約書

売買契約書で特に注意すべき項目は、次の2つです。

❶ 契約不適合責任
❷ 契約の解除

❶ 売主の契約不適合責任

売主の契約不適合責任は、2020年の民法改正で「**売主の瑕疵担保責任**」から変わった部分です。

以前は契約締結時に買主が知らず、かつ、知らないことについて過失が認められない【隠れた瑕疵】についてだけ責任を負えばよかったものが、**今回の改正で、買主が善意・無過失でない**

場合でも契約不適合責任が認められるようになりました。

たとえば、その売買契約が雨漏りのない建物を目的としていた場合には、雨漏りがあるという事実を買主が分かって購入していても、売主には修繕する義務が生じます。

「**契約不適合責任免責**」ということは、もし購入した後に、その品質が契約に適合していないこと、たとえば、雨漏りがあるということがわかっても売主の責任を問うことはできないため、自己負担で修繕しなければなりません。

契約不適合責任を追及するには、民法上、原則として、買主がその不適合を知ったときから1年以内に売主にその旨を通知することが必要とされていますが、特約により、3カ月程度に制限されていることが一般的です。そして、古い建物の場合には、ほとんどのケースで「契約不適合責任免責」の特約がなされています。

しかし、**売主が宅建業者で、買主が業者ではない場合には、契約不適合が存在することを通知する期間を、目的物の引き渡しから2年以上**としなければならず、2年未満に限定する特約は無効になります。

中古のワンルームマンションの場合の注意点

中古のワンルームマンションの場合、契約不適合責任を免責してほしいと要望される場合があります。契約不適合責任を免責する代わりに値段交渉をするケースもあります。ただし不動産投資初心者の人は、不動産コンサルタントなどがついている場合を除いては、「**原則、契約不適合責**

不動産売買契約書サンプル

区分所有建物売買契約書

売買の目的物の表示

一棟の建物の表示	所　在	神奈川県川崎市多摩区○–○–○			
	構　造	鉄筋コンクリート造陸屋根4階建			
	延床面積	890.00㎡	建物の名称	レジデンス生田の森	
専有部分の表示	家屋番号	多摩区○-○-○		建物の名称	403
	種　類	居　宅	構　造	鉄筋コンクリート造　1階建	
	床面積	4階部分（登記簿）17.01㎡		新築年月日	平成8年3月1日
付属建物	無				

敷地権の表示				敷地権の割合	
符　号	所在および地番	地目	地積（㎡）	敷地権の種類	敷地権の割合
1	神奈川県川崎市多摩区○–○–○	宅地	600.00㎡	所有権	93万4,835分の2万3,552
2			㎡		—
3			㎡		—
4			㎡		—
5			㎡		—

所有権以外の場合	土地の所有者	住　所			
		氏　名		地代	月額　　円
	目的			期限	まで

特記事項
以下余白。

売買代金および支払い方法等

売買代金	合計額（①+②+③）		3,700,000円
		①【土地代金】	2,000,000円
		②【建物代金】	1,700,000円
		③【建物消費税】	0円
手付金		本契約締結時支払い	370,000円
内金	第1回	までに	—円
	第2回	までに	—円
残代金		平成28年1月20日までに	3,330,000円
融資の利用		無	

融資申込先 第14条第2項の期日　まで	融資金額 円
融資申込先 第14条第2項の期日　まで	融資金額 円
融資申込先 第14条第2項の期日　まで	融資金額 円
第5条第2項による本物件引渡し日	—
第12条第1項による手付解除期日	—

不動産売買契約書サンプル（続き）

売主と買主とは表記記載の土地及び建物（建物共有部分を含み、以下「本建物」という。）の売買につきこの契約を締結し、その証として本契約書を１通作成し、売主、買主、署名押印の上、買主が原本を、売主がその写しを保有する。

平成27年12月1日

収入
印紙
1,000円

売主
所　在　　神奈川県横浜市青葉区○-○-○
氏　名　　浅田純一　　㊞

買主
所　在　　東京都中野区中野○-○-○
氏　名　　真田　遼　　㊞

仲介人
所　在　　東京都港区赤坂○–○–○
商　号　　キャス不動産株式会社
代表者　　井上敬幸　　㊞

免許番号　東京都知事免許（5）第○○○○○
宅地建物取引士
登録番号　13-2-00000
氏　名　　久保崇男　　㊞

仲介人
所　在　　東京都千代田区飯田橋○–○–○

商　号　　株式会社ソーテックス不動産
代表者　　石井佳恵　　㊞

免許番号　東京都知事（3）第00000号

宅地建物取引士
登録番号　13-4-00000
氏　名　　秋元奈緒美　　㊞

任をしっかりとつけて契約する」ようにしましょう。

② 契約の解除

相手方が契約の履行に着手していて手付解除ができないときであっても、相手方が契約に違反した場合には、催告のうえ契約を解除することができます。この場合相手方に対して損害賠償の請求ができますが、一般的に損害賠償については、違約金に関する取り決めがなされていることが多く、その額は不動産物件価格の20％程度で、手付金よりも高いのが普通です（手付金の額は一般に売買代金の10％程度）。

「契約に違反した場合」の例としては、相手方が契約書どおりに物件を引き渡さない場合があり、期日を指定して催促してもなお応じてもらえないときには契約を解除して、損害賠償を請求することができます（222頁「契約違反による解除」参照）。

契約不適合責任の期間は長いほうが有利

- 契約不適合責任の期間は長いほうが有利！中古の1kマンションだと3カ月程度が普通。
- 契約不適合責任免責でもかまわない場合は、それと引き換えに値段交渉をする手もありますが、初心者は避けましょう！

7 重要事項説明書

契約までにチェックしておくべき書類②

重要事項説明書は、宅地・建物の売買契約を行う場合、宅地建物取引士が不動産物件と取引について説明しなければならない重要事項が記載されたものです。重要事項の説明の項目のうち大切な事項は次の7つです。

❶ 登記された権利の種類・内容
❷ 法令上の制限
❸ 敷地と道路との関係、私道負担の有無
❹ 飲用水・ガス・電気の供給施設および排水施設の整備状況
❺ 1棟の建物またはその敷地の管理、使用に関する事項（区分所有マンションの場合）
❻ 代金、交換差金以外に売主、買主で授受される金銭
❼ 契約の解除に関する事項

● 登記された権利の種類と内容

契約者と登記簿の所有者が同一かどうか	不動産が共有の場合は、共有者全員と契約しなければ所有権を取得できません
乙区の欄	抵当権が設定されている場合はここに記載されています。返済額の資料と照らしあわせてオーバーローンになっていないかどうか、もしなっている場合は残金決済のときに抵当権の抹消が確実に行われるかどうかを確認します。

❶ 登記された権利の種類・内容

ここには登記された権利の種類と内容が記載されています。チェック項目は右頁下の２つになります。

❷ 法令上の制限

法令上の制限というのは都市計画法や建築基準法、そのほかの法令に基づく権利の制限のことです。

● 都市計画法・土地区画整理法に基づく制限

市街化調整区域には原則として建物は建てられません。現在建物が建っていても建て替えができない場合があるので、「**〝区域区分〟が〝市街化調整区域〟になっている場合は注意が必要**」です。

● 都市計画道路の有無

1棟のアパートやマンションを購入する場合は特に注意が必要です。「**計画道路がある場合は建築が制限されます**」。

建築基準法に基づく制限

商業地域、準住居地域などの用途地域、建ぺい率・容積率や防火地域、準防火地域、景観地区などは、建物を建てるときの制約になる事項を確認しておく必要があります。

既存不適格建築物

既存不適格建築物というのは、古いアパートやマンションで今の建築基準法や都市計画法では違法となってしまう建物のことです。建て替えの場合は今の法律の適用を受けるので、同じ大きさの建物を建てられなくなってしまうので要チェックです。

③ 敷地と道路との関係・私道負担の有無

ここには「道路の種類、幅員、接道幅」などが記載されています。

敷地と道路との関係

たとえば下記のように表記されていたとします。どう読み取るかというと、「この不動産物件は、北側と東側の公道、南側の私道の3つの道路に面していて、南側の幅員《ふくいん》（道路の幅）が3・5mしかないので、建て

敷地と道路との関係

	接道方向	公・私道の別	幅員	接道の長さ
道路の種類 幅員・接道幅	北側	公道	約18m	約77m
	東側	公道	約6m	約30m
	南側	私道※	約3.5m	約15m

※ 建築基準法42条の道路

3つの道路に面している

4m未満なのでセットバックが必要になる

替え時にはセットバックが必要になる」となります。

道路の幅員は4m以上なくてはならず、南側の道路のように幅員が3・5mしかない場合は、建て替えのときに道路の中心線から2mになるようにセットバックしなくてはならないので、現状の建物の大きさが再現できない場合もあります。

セットバック面積の計算のしかたは、次のようになります。

(4m－3・5m)÷2×15m＝3・75㎡

次回建て替えるときには3・75㎡のセットバックが必要となり、この部分は建物の敷地面積として算入することができません。

●私道負担の有無

私道負担というのは、個人の私有地でありながら、道路として提供する必要がある土地のことです。私道負担の有無および面積、負担金額などが記載されています。

私道は単独で所有している場合だけではなく、分割して所有している場合、共有している場合などがあり、権利関係が複雑です。そのため発生する負担も、維持管理のための負担金が必要な場合、ガス管や水道管の整備や修理のために道路を掘削する際に所有者の承諾が必要な場合、通行料の負担が必要な場合など、物件によりさまざまなのでよく確認しておきましょう。

道路と通路

「道路は魔物」と不動産業界の人たちはいいます。道路はプロでも難しいということです。

一見道路のように見えても、実は「道路ではなくて通路だった」ということもままあります。道路だと思って購入したのに、いざ建て替えをしようとしたときに、実は通路だったために、道路に面していない土地とされ、建て替えができないということはよくあります。

道路の種類は下表のとおりです。しっかり覚えておきましょう。

建築基準法第42条に規定されている道路

種類	内容	意味
42条1項1号	道路法による道路（国道、都道、区道など）	一般に公道と呼ばれる、最も一般的な道路のこと
42条1項2号	開発許可などにより構造された道路	都市計画法、土地区画整理法などにより築造された道路のこと
42条1項3号	建築基準法の適用および都市計画区域に指定される 以前から存在した4m以上の道	基準時以前※からある道で、幅員が4m以上のもの。公道で4m以上あるものは上記1号道路に該当するため、3号道路は基本的には私道のこと ※建築基準法が施行された昭和25年11月23日と当該市町村が都市計画区域に指定された時点とのいずれか遅い時点
42条1項4号	計画道路	都市計画法などにより新設、または変更される道路のこと
42条1項5号	位置指定道路	分譲地の中につくられた道路など、道路法、都市計画法などによらないで築造する、政令で定める基準に適合する道で、幅員4m以上の私道のこと
42条2項	法の適用以前から存在した4m未満の道	建築基準法が適用になる前からあり、現に建物が建ち並んでいる幅員4m未満の道で特定行政庁が指定した道路のこと

● **道路の種類（建築基準法による道路）**

「建物を建てることができる敷地が備えるべき前面の道路の条件は、建築基準法第42条に規定されているもののみ」です。一見道路のように見えるものでも、下表の建築基準法第42条に規定されている道路でない場合には、建物は建てられません。

④ 飲用水・ガス・電気の供給施設および排水施設の整備状況

これらのインフラは生活に不可欠なものなので、その整備状況を重要事項説明書を読んで確認しておきます。また負担金などが発生することもあるので、あわせて確認しておきます。

⑤ 1棟の建物またはその敷地の管理・使用に関する事項（区分所有マンションの場合）

● **管理費の滞納について**

購入物件の管理費が滞納されていないかチェックします。滞納している場合は契約までに解消するようお願いしましょう。

● **重要事項説明書に記載されているインフラの整備状況**

種類	整備状況
飲用水	公営水道なのか市営水道なのか井戸なのか、また配管が前面道路にあるのかどうか、敷地内配管なのかどうかが記載される
ガス	都市ガスかプロパンか、配管は前面道路にあるのか敷地内配管なのか
電気	その地域の電力会社の名前が記載される
汚水	公共下水なのか浄化槽なのか汲み取り式なのか。前面道路にあるのかどうか。浄化槽の設置があるのかどうか

● **計画修繕積立金に関する事項**

ここではすでに積み立てられている金額をチェックしてください。**「修繕履歴と照らしあわせて、修繕が行われていないのに積み立てられている金額があまりにも低い場合は要注意」**です。

❻ 代金、交換差金以外に売主、買主で授受される金銭

ここには、次の5つの明細が載っています。

- **手付金の額**
- **固定資産税などの清算金**
- **管理費・修繕積立金などの清算金**
- **賃料清算金**
- **敷金**

固定資産税、都市計画税、管理費、修繕積立金などを売主がすでに支払っている場合には、日割り計算で売主に支払うのが原則です。また入居者がいる不動産物件の場合は、買主が入居者（賃

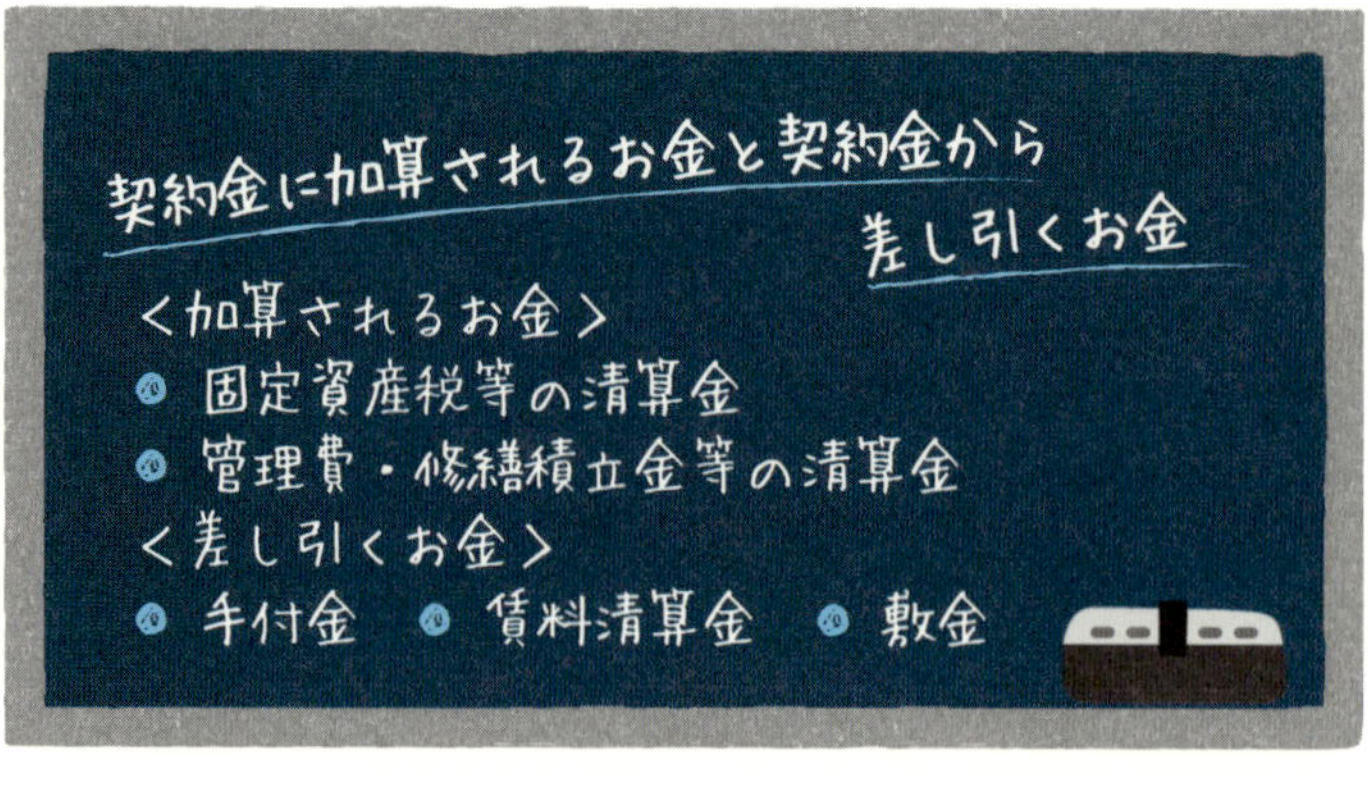

借人）に敷金を返還する義務を負うことになるので、敷金の金額を売買代金から引くのが原則です。

7 契約の解除に関する事項

不動産売買契約書と重なる部分がありますが簡単にお話しします。

手付契約をしている場合の解除

売主も買主も、相手方が履行に着手するまでは（たとえば代金の支払い、物件の引き渡しなど）売買契約を解除することができます。解除するには、「売主であれば、買主に対して受け取りずみの手付金の倍額を支払う」「買主であれば、売主に対して支払いずみの手付金を放棄する」ことが必要です。

引き渡し前に不動産物件が滅失してしまった場合

不動産の取引では、契約締結と不動産物件引き渡しが同時に行われることはほとんどなく、契約締結から引き渡しまでに数週間から数カ月かかるのが普通です。したがって、その間に不動産物件が火事や地震などにより滅失する可能性もないとはいえません。

対象不動産の引き渡し前に天災地変、そのほか買主の責任ではない理由により、対象不動産が滅失したときは、買主は、売買代金の支払いを拒むことができます。そして、契約を解除することによって、代金債務を消滅させることができます。

ただし、契約金額が２００万〜３００万円くらいのものだと、契約締結、代金決済、不動産物件の引き渡しが同時に行われる場合もあります。

契約違反による解除

こちらがきちんと義務を果たしているにもかかわらず、売主が不動産物件の引き渡しや抵当権の抹消・所有権移転登記への協力など、やるべき基本的な義務について行わないといった契約違反があったときは、通常３カ月程度の期間を定めて売主に義務を果たすように内容証明を送り、その期間が経過したら契約を解除できます。

不動産売買契約では、損害賠償の予定額（違約金の額）をあらかじめ定めておくのが一般的です。違約金は売買代金の20％程度の契約が多いです。

融資利用の特約による解除

売買契約締結後に、予定していたとおりの融資の承認が得られない場合、買主は売買代金の支払いができなくなります。

その結果、買主は債務不履行（契約違反）の責任を負うことになりますが、それではあまりに買主が不利なので、不動産売買契約において、「**万一買主が融資の承認を得られなかったときには売買契約を解除することができる**」「**売買契約が解除された場合、売主は買主に受領ずみの金銭**

（手付金を含む）を無利息で速やかに返還しなければならない」といった規定を設けて買主を保護するようにしています。その代わり、買主に対して「**契約締結後速やかに申し込み手続きをすること**」「**融資条件などを明確にすること**」「**融資利用の特約の期限**」を義務づけています。

8 契約までにチェックしておくべき書類③ 管理規約・使用細則

「**〝管理規約〟〝使用細則〟は、入居者同士がマンションで快適に生活できるように定めたルール**」です。

管理規約は区分所有者相互間で決めた規則

管理規約は、マンションの管理・使用について区分所有者相互間で取り決めた規則のことをいいます。ここでは共用部分の範囲や共有持分割合、専有部分の範囲、使用細則、管理・管理組合・集会・理事会・会計などに関する事項が定められます。区分所有者相互の取り決めで成り立っているので、実情に応じて、話しあいのうえ変更することもできます。「**ペットの飼育は禁止**」「**事務所としての利用は禁止**」といった個別のルールもここで定められています。

使用細則は管理規約をより詳細に規定したもの

使用細則は共同生活を円滑に行うために定められた規則のことをいいます。管理規約をより詳細に規定したものです。たとえば、「**ペットの種類**」「**楽器の演奏時間の制限**」といったことは使用細則に記載されています。なお管理規約の改廃は、特別決議（区分所有者および議決権の各4分の3以上）で決議されますが、使用細則は普通決議（各過半数）で決議されます。

9

契約までにチェックしておくべき書類④

登記簿謄本（全部事項証明書）

不動産売買契約の前に、絶対にチェックしなくてはいけないのが、実は「登記簿謄本」です。「**登記簿謄本は、いわば不動産の履歴書**」です。登記簿謄本を見ると、次の重要な2つのことがわかります。

- **所有者は誰か？**
- **その不動産に抵当権等の担保権はついているか？**

登記簿謄本は表題部、甲区、乙区に分かれています。区分所有マンションの場合、表題部には「**不動産の所在**」「**建物の番号**」「**構造**」「**床面積**」とともに「**敷地権の目的たる土地の表示**」が書かれています。

● 区分所有マンションの全部事項証明書サンプル

「不動産の所在地」「マンション名」「構造」「床面積」とともに１棟の土地の面積と占有部分の表示されています

神奈川県川崎市多摩区 ○-○-○-403

専有部分の家屋番号	○-○-○-101 ～ ○-○-○-103　○-○-○-201 ～ ○-○-○-203 ○-○-○-301 ～ ○-○-○-303　○-○-○-401 ～ ○-○-○-403

【表　題　部】（一棟の建物の表示）		調整 平成９年６月26日	所在図番
【所　　在】	川崎市多摩区 ○番地○-○	余白	
【建物の番号】	レジデンス生田の森	余白	
【① 構　　造】	【② 床　面　積】　㎡	原因およびその日付【登記の日付】	
鉄筋コンクリート造陸屋根４階建	１階　290：00 ２階　200：00 ３階　200：00 ４階　200：00	昭和63年法務省令第37号附則第２条第２項の規定により移記	

不動産の所在

建物の番号

構造

床面積

表題部

敷地権の目的たる土地の表示

【表　題　部】（敷地権の目的たる土地の表示）				
【① 土地の符号】	【② 所在地及び地番】	【③ 地目】	【④ 地積】　㎡	【登記の日付】
1	川崎市多摩区 ○番○	宅地	600：00	平成９年６月26日

【表　題　部】（専有部分の建物の表示）			
【不動産番号】	0123456789012		
【家屋番号】	多摩区 ○番○の○の 403		余白
【建物の名称】	403		余白
【① 種類】	【② 構　造】	【③ 床面積】　㎡	【原因およびその日付】
居宅	鉄筋コンクリート造１階建	４階部分　15：20	平成８年３月１日新築
【表　題　部】（敷地権の表示）			
【① 土地の符号】	【② 敷地権の種類】	【③ 敷地権の割合】	【原因およびその日付】
1	所有権	93万4,835分の2万3,552	平成８年３月１日敷地権

甲区

【権　利　部（甲　区）】（所有権に関する事項）			
【順位番号】	【登記の目的】	【受付年月日・受付番号】	【権利書その他の事項】
1	所有権保存	平成８年３月１日 第12345号	【原　因】　平成28年３月１日売買 【所有者】　東京都中野区中野○-○-○ 真田　遼

インターネットで取り寄せた全部事項証明書の場合、所有権以外の権利が登記されていなければ「乙区」欄そのものがありません

●甲区

甲区にはその不動産の「所有権」に関する事項が記載されています。記載されている事項は、「順位番号」「登記の目的」「受付年月日・受付番号」「権利者その他の事項」になります。特にここでは**「不動産の所有者が誰であるか」**しっかり確認しておきましょう。

●乙区

乙区にはその不動産の所有権以外の権利に関する事項が記載されています。「抵当権」が最も一般的ですが、質権などほかの「担保権」がついていることもあります。なおインターネットで取り寄せた全部事項証明書の場合、所有権以外の権利が登記されていなければ「乙区」欄そのものがありません。

担保権は、債務（不動産のローン）が返済できなかった場合に、お金を貸した金融機関などの債権者がその不動産を売却してその代金から返済を受けることのできる権利です。

登記簿謄本は仲介する不動産業者からもらえますが、自分でも取り寄せてチェックしたい場合には、インターネットで閲覧することができます（有料）。

一般財団法人 民事法務協会「登記情報提供サービス」
(http://www1.touki.or.jp/gateway.html)

Study 3

なぜ家賃が下がってしまったの？

東京郊外でアパート３棟の経営をしているＫさん。古いアパートの 2DK が２部屋、半年以上空いたままでした。

管理会社から「賃料を値下げして募集したい」と提案を受けたので、3,000 円値下げすることを了承しました。

ところが、同じアパートに住んでいるほかの部屋の入居者がネットで情報を見て、「同じ家賃にしてほしい」と管理会社を通じて言ってきたため、しかたなくほかの部屋も値下げに応じてしまいました。

今はネットで情報が入るため、賃料を値下げしたのを隠して募集するのは難しい時代です。賃料を下げて募集した時点で、現在の入居者にわかってしまうということを覚悟しなければなりません。

反対にある大家さんは、長年住んでくれた入居者に対して、更新の際には更新料はもらわずに、何と海外旅行のチケットをプレゼントしています。賃貸業もサービス業であることに変わりありません。入居者に対する接し方が明暗を分けるという事例です。

自分がコントロールできる土地の物件にしないと大変！

東京に住んでいて、地方のアパートを管理するのも大変です。Ｉさんは会社員だったころ北陸方面に転勤することになりました。おそらくここで一生暮らすことになるのだろうと思い、土地を購入してアパートを建てることにしました。ところがその後東京に戻ってくることになり、入居者募集や清掃、賃料徴収などの管理は地元の不動産会社に任せ、アパートの建っている場所には 10 年以上訪れていませんでした。最初の 10 年間、４部屋あるアパートは満室、もしくは空室になってもすぐに埋まりまったく問題なかったのですが、10 年を超えたころから空室が出ても埋まらない状況が続くようになりました。

実は近くにあったある大手の会社の工場が撤退してしまったのです。今まではその会社の従業員が借りてくれていたので問題がなかったのですが、撤退してからは大変です。ここ３年以上、４戸のうち２戸が空室で家賃を下げても決まらない状況です。そこでＩさんは 10 年振りにアパートを見に行きました。現地に行ってびっくり！　アパートの周りは草がぼうぼう、掃除もされておらず、階段の手すりはさびが目立つ状態でした。また、空室の部屋に入ってみるとほこりだらけ、虫の死がいが転がっているなどひどい有様でした。これでは賃料を下げても決まるはずがないと思ったＩさんは、自分で掃除をし管理会社にも頻繁に連絡するようになりました。しかし今でもなお空室は埋まっていません。

この例からわかるように自分がコントロールできる地域の範囲内に物件を持つことが大切です。

07 Step 5 売買契約の締結

1 売買契約を締結したあとでも契約解除できる条件を知っておく

ここまで来たら、いよいよ売買契約を締結します。まずは宅地建物取引士から重要事項の説明を受け、その後売買契約の締結となります。いったん契約を締結すると、簡単に解除することはできないので、前節でお話しした手順にしたがって事前に契約内容を確認することが重要です。もちろん不動産会社にも説明義務はありますが、あくまでも**「契約は自己責任」**であることを肝に銘じてください。

ただし契約後であっても、次のような場合には契約を解除することができます。この内容は一般的なものであり、個々の契約で解除に関する取り扱いは異なるので注意が必要です。

クーリングオフによる解除

売主が不動産会社（宅地建物取引業者）の場合、一定条件を満たせば、無条件で契約を解除することができます。一定の条件は次のとおりです。

❶買主が購入の申し込みや契約の締結を、不動産会社（宅地建物取引業者）の事務所や不動産会社の本支店、モデルルームなど以外で行っていること
❷不動産会社（宅地建物取引業者）が買主に、クーリングオフの適用があること、およびクーリングオフを行うための方法を「書面」で告げた日から8日以内であること
❸物件の引き渡し前であることまたは代金の全額を支払っていないこと

手付による解除（詳細は206頁参照）

相手方が契約の履行に着手するまでは、買主は手付金を放棄して、売主は手付金の倍額を返還して契約を解除することができます。

特約による解除（ローン特約など：詳細は202頁参照）

特約の内容に応じて解除することができます。たとえば「ローン特約」の場合、ローンが受けられなかった場合、買主は無条件で契約を解除することができます。

合意による解除

当事者の合意に基づく条件で契約を解除することができます。

2 契約時に必要なもの

不動産売買契約書に署名・押印したあと、手付金を支払います。支払い方法は、現金、指定口座への振り込み、預金小切手で用意するといった方法があります。

契約金額が小さい場合は、手付金なしで一括で売買代金の授受が行われる場合もあります。

契約時に本人確認書類（免許証など）の提示や、職業、取引目的（自宅用、投資用など不動産を購入する目的）などの申告を求められることがあります。「犯罪による収益の移転防止に関する法律」が適用される特定事業者は、マネー・ローンダリング対策のため、顧客の本人特定事項、職業、取引目的などについて、確認する義務を負っているからです。

当日は忘れ物がないように

印鑑や本人確認書類を忘れると契約ができないので、当日は忘れ物がないように注意しましょう。「当日は忘れ物がないように」と、仲介不動産会社が何度もその日に必要な書類、印鑑をメールや電話で伝え

てくれますが、緊張してしまうからでしょうか、なぜか売主、買主、そして仲介不動産会社まで、何かしら忘れ物をしてしまうことがあります。何といっても「**1番多い忘れ物は印鑑**」です。認印で大丈夫なときは近くの文房具店で購入できるのでそれほど問題になりませんが、実印や本人確認書類を忘れると契約が延期になる場合もあるので、注意が必要です。

できれば契約は午前中にしましょう。もし忘れ物をしてしまいいったん取りに戻らなくてはいけない場合でも、午後には再度契約することができます。

● **契約時に必要な主なもの**

手付金など	代金の10%程度が一般的（現金・振込・預金小切手など） ※ 必ず領収書を受け取る
印　紙	売買契約書に貼る。代金が1,000万円超5,000万円以下の場合の印紙代は1万円
印　鑑	実印または認印 ※ 何かのときに両方持っていくようにする
不動産会社への仲介手数料	媒介契約書であらかじめ取り決めた金額（現金・振込・預金小切手など） ※ 必ず領収書を受け取る
本人確認書類	運転免許証や各種健康保険証などの公的機関が発行した本人確認書類

08

Step 6 ローンを利用して物件を購入する場合

1 ローンの概要

「はじめて不動産投資をする場合は、物件を現金で購入しましょう」というのが本書の基本的なスタンスです。とはいっても諸般の事情で、物件をローンで購入したい場合があると思います。もちろんローンを利用してもかまわないのですが、「今は定期預金を解約したくない」とか「空室が続いてローンが払えなくなっても、いざというときはローンを完済できる預貯金がある」といった、何があってもローンを完済できる場合にのみ、ローンを利用するのが理想です。

一般に、不動産投資のローンは住宅ローンに比べると金利が割高だったり、審査の条件が住宅ローンに比べると厳しかったりします。またきちんと収支計算をして、経費とローン控除後の毎月の手取り金額を計算しておかないと、実は毎月赤字だったということにもなりかねません。

ただし、不動産物件を紹介してもらう不動産会社がローン会社と提携している場合があります。

ローンが通りやすかったり、金利が優遇されたりする場合もあるので、不動産会社に相談してみる価値は大いにあります。

銀行の融資条件を見てみよう

下記は銀行の標準的な融資条件の例です。この例では借入金額の下限が1000万円となっているので、注意が必要です。ただし提携業者を通すと300万円台でも借りられる場合があるので、確認してみてください。

このような条件をクリアした人は、購入金額の一部をローンで賄うことができます。今は定期預金を解約したくないという人は、購入金額の半分は自己資金、そして残りの半分をローンを組むという方法もあります。

● 融資を受ける際の銀行の融資条件

利用できる人

- 借入時の年齢が満20歳以上60歳未満で、最終返済時80歳未満の人
- 同一勤務先に3年以上勤務されている人（自営業の場合は営業開始後3年以上経過している人）
- 前年度の税込み年収（自営業の人は所得）が500万円以上で、返済期間中安定した収入が見込める人
- 団体信用生命保険に加入できる人
- 保証会社の保証が受けられる人

借入金の使途

- アパート
- マンション
- 一戸建て

借入限度額

- 1,000万円以上、2億円以内（10万円単位）

融資を受ける人の年収や借入状況により、限度額に制限を設ける場合があります。

（次頁に続く）

借入期間

1年以上35年以内（1カ月単位）

借入金利

変動金利型、固定金利期間特約付変動金利型のいずれかを選びます。

返済方法

毎月元利均等分割返済※

※ 元利均等とは、元金と利息をあわせた毎回の返済額が同額（均等）という意味です。ただし同額の返済額のうち、元金と利息の内訳は毎月変わります。借入当初は利息の比率が多くなりますが、返済が進むにつれて元金の比率が増えてくるのが特徴です。

担保団体信用生命保険※

融資をする金融機関が指定する団体信用生命保険に加入できること。保険料は融資をする金融機関で負担します。

※ 団体信用生命保険は、融資をする金融機関を保険契約者、融資をする金融機関から住宅ローンを借り入れする人を被保険者とする保険契約です。被保険者の人が保険期間中に死亡または所定の高度障害状態になったときは、生命保険会社より支払われる保険金によって、融資を受ける人の債務の返済に充当するしくみの団体保険です。なお、団体信用生命保険の保険料は融資をする金融機関が負担します。

保証人

原則として、借入対象となる不動産物件の共有者は連帯保証人になってもらいます。

そのほか、融資をする金融機関が必要と判断した場合、連帯保証人が必要となる場合があります。

保証会社取扱事務手数料など

借入金額の1.08%（消費税込み）の取り扱い事務手数料がかかります。

繰上返済解約金など

借入残高の一部、または全部を繰り上げて返済する場合は、繰上返済解約金（不課税）を徴収します。

金利はローン会社や申し込んだ人の信用力によっても違うので、複数の会社を調べて1番自分にあった有利な会社を選ぶようにしましょう。

2 有利なローン会社といえば「日本政策金融公庫」

よく「**日本政策金融公庫**」（**http://www.jfc.go.jp/**）という名前を耳にするかと思いますが、ここはとても優れたローン会社です。株式会社ですが、実質的には国の機関として機能しています。長期に固定金利を適用でき、ほかの金融機関と比べても、金利面ではかなり有利になります。

特徴としては、若者、高齢者、女性などの社会的弱者を優遇し、金利は1％後半からと低金利で、かつ固定金利で借りられ、そして保証人不要であるところです。ただし融資を受けるには条件があります。

不動産投資に関して融資を受けるには、不動産賃貸事業であること（個人でも可）、公共料金や税金に未払いがないことなどが条件となっています。

また、審査では「今後の事業見通し、経営者の資質、資金繰り・資産の状況」などのチェックが行われます。

3 金利について

ローンを組んで物件を購入する場合には、できれば「**買付証明書**」を出す前にあらかじめ金融機関にあたって、「**自分はどれくらいの金利でどれくらいの額の融資を受けられるか?**」知っておいたほうがよいでしょう。金利は、お金を融資してくれる金融機関とあなたの年齢、職業、購入する不動産によって違ってきます。試しにローンの申し込みをしてみると、いろいろなことがわかるのでぜひ挑戦してみてください。

ただし繰り返し書いているように、「**全額融資を受けて購入することを勧める本もありますが、初心者が投資物件をはじめて購入する場合は、あくまでも現金購入が基本**」です。

4 不動産投資ローンの申し込みと契約の手順

ローンを利用する場合は、不動産物件の売買契約終了後にローンの申し込みとローン契約を結びます。ここではローン申し込み

買付証明書

気に入った不動産物件が出たときに、購入する意思がある旨を表明する書面のこと。
ローンを組む場合には、買付証明書に「ローンの金額」と「ローン特約」の有無を書く。

⇒ 詳しくは5限目05参照

の手順を説明します。

ローン申し込みの手順

❶事前審査⇓❷ローンの申し込み⇓❸本審査⇓❹融資の内定・契約手続き⇓❺抵当権設定⇓❻融資の実行

❶事前審査

ローンの申し込みは不動産物件の売買契約のあとに行いますが、ローンの審査が通らないケースも多々あるので、契約前に事前審査を受けておくと時間のロスがありません。サイトから事前審査ができる金融機関もあるので、チェックしておきましょう。

ローンは、不動産会社提携の金融機関に依頼する場合もありますが、金融機関によって金利や条件が大きく異なるため、あらかじめ比較検討をしておくべきです。

❷ローンの申し込み

ローンを申し込むときに必要な書類は、金融機関によっても多少違いますが、一般的には次のようなものになります。

不動産会社に協力してもらって、スムーズにそろえるようにしましょう。

- 登記簿謄本　● 地積測量図　● 公図　● 固定資産評価額がわかるもの
- 1棟の建物の場合は建築確認済証（建築確認通知書）・検査済証
- サラリーマンであれば直近の源泉徴収票
- 自営業者なら最低3期分の決算書か確定申告書
- 事業収支計算書
- 現在保有する物件があれば収益状況（レントロール）

不動産会社にそろえてもらう（登記簿謄本〜検査済証）
サラリーマンの場合（源泉徴収票）
自営業者の場合（決算書か確定申告書、事業収支計算書）
自営業者、サラリーマンともに必要（事業収支計算書、収益状況）

③本審査、④融資の内定・契約手続き、⑤抵当権設定

以上の書類をそろえて銀行に持ち込むと、銀行で審査が行われます。

融資の承認が得られたら、金融機関との間で**「金銭消費貸借契約兼抵当権設定契約（ローン契約）」**を結び、詳細な借り入れ条件を決定します。諸費用は金融機関や契約内容によっても異なりますが、仲介手数料など契約にかかる費用もすべてひっくるめて、物件価格の7〜10%程度が目安になります。ローンで必要な費用としては、次のようなものがあります。

- 印紙代　● 融資事務手数料　● 抵当権設定登記費用　● 抵当権設定登記手数料
- ローン保証料　● 団体信用生命保険料　● 火災保険料・地震保険料

「融資事務手数料」は、融資を受ける金融機関に支払う事務手続きの手数料です。金融機関によ

っては不要な場合もあります。費用については金融機関によって異なりますが、平均的には3万～5万円程度です。抵当権を設定すると、もし万が一ローンが支払えなくなったときに、お金の代わりに不動産が没収されてしまうということです。「**抵当権設定登記費用**」のほか、司法書士にお願いする「**抵当権設定登記手数料**」もかかります。

「**ローン保証料**」は、返済不可能となった場合に備え、連帯保証人の代わりに保証会社に保証を依頼するために支払う費用のことです。ローン実行時に一括払いしたり、金利に上乗せして保証料相当額を支払っていく方法があります。

❻ 融資の実行

ここまで来たら、あとは物件の引き渡し日までに金融機関から不動産会社に融資の金額が振り込まれて完了です。

ローン審査と融資の本音

◉ ローンの審査は断られてもあきらめないこと

A銀行で断られてもB信金では融資が通ることもあります。それぞれの銀行や担当者、支店によっても考え方が違うので、1行に断られたからといってあきらめないことが重要です。「**複数行への融資同時申し込みが基本**」です。

ローンの審査は人物が評価される

融資が通るかどうかは、不動産物件そのものの評価も大切ですが、もっと大切なのは申し込む人や連帯保証人の属性（勤め先など）、資産状況です。「保有資格」などもチェックポイントになるので、持っているすべての資格を記入しましょう。特に、不動産に関する資格（宅建士など）を持っていると有利になります。また、資産はそのときによって価格が変わる株などの有価証券で持っているよりも、定期預金などで持っているほうが評価は高くなります。

ローンの金利は交渉してみる

金利は交渉してみると意外と下がることがあります。金利は固定されていて下がらないものだと思っている人が多くいますが、必ず交渉してみましょう。

融資は家の近くの小規模店舗に申し込む

小規模店舗のほうが親身に対応してもらえます。案件自体が少ないので、支店の融資目標のために必死に取り組んでくれる可能性もあります。

5 不動産市況と融資の関係は反比例する

不動産市況と融資の関係というのは不思議なものです。２００８年に起きたリーマンショックによって、不動産市場は大きく落ち込みました。不動産の価格も下落したため本来なら個人投資家にとっては、またとない買いのチャンスだったのです。ところが、ローンを利用して買おうとした場合はまた話が別です。なぜなら回収できなくなるリスクを回避するため、銀行がお金を貸してくれなくなるからです。一般に次のような関係が成り立ちます。

● 不動産市況が悪いと、ローンは借りにくい
● 不動産市況がいいと、ローンは借りやすい

6 個人の属性と考え方によって、選ぶ金融機関は違う

各金融機関のローンの特色が、ひと目でわかるサイトもあります。

E-LOAN ローンを探す 比べる 申し込む ＞ その他のローン ＞ 不動産投資ローン
http://www.eloan.co.jp/loanlist/?DID=3&CID=ctg_17

09

Step 7 残金決済前準備

1 契約締結後、残金決済前までに物件に問題がないかを確認する

外観と水回りや設備を確認する

基本は売主、買主立ち会いのもと、契約時と物件の状態が変わっていないか、引き渡し可能な状態かを確認します。ただし区分所有マンションで賃貸中の場合は外観のみの確認になります。マンションの外観は確認できる範囲で、目に見える範囲内での確認となります。

- 周辺を含めて事故が起きていないか
- 火事などで外壁が汚れたりしていないか
- 部屋の周りが破損していないか（給湯器の破損など）

中を確認できる場合は、次の3つをチェックします。

- **給排水設備の故障はないかどうか**
- **設備表の内容と一致しているかどうか**
- **設備、水回り、空調、照明、収納、建具などの状態が記載の内容と一致しているか**

給排水設備に故障が認められたり、設備表の内容と一致していなかったり、設備、水回り、空調、照明、収納、建具などの状態が、記載の内容と一致していない場合は、適正に是正してもらう必要があります。

なお売主から「告知書」を渡されている場合は、それに基づいて確認します。告知書は売主にしかわからない情報について、売主から買主に提供する情報を記載した書式です。

たとえばマンションの付帯設備（キッチン）の告知書は、下表のような項目について売主が記載します。

マンションの付帯設備（キッチン）の告知書サンプル

設備名称	設備の状態	
	故障・不具合	備考（動作時に気になる点、不具合の状況、設備交換年月などご記入ください）
□ 水栓器具	有・無	
□ シンク	有・無	
□ ディスポーザー	有・無	
コンロ（□ 据置、□ ビルトイン）□ IH、□ ガス	有・無	IH コンロ、2014 年に交換
食洗器（□ 据置、□ ビルトイン）	有・無	
□ レンジフード	有・無	
収納（□ 引き出しなど　□ 吊り戸棚）	(有)・無	一部傷あり
□ そのほか	有・無	

10

Step 8 残金決済と不動産物件の引き渡し

1 残金決済のしかた

残金決済をする場所は、ローンを利用する場合はローンを利用する銀行で行います。ローンを利用しない場合は現金、銀行振込または銀行振り出しの預金小切手などで支払うことになります。銀行振込の場合は着金確認が行われて残金決済は終了となります。

また銀行振り出しの預金小切手は現金と同じ取り扱いのため、売主に渡したのと同時に残金決済は終了となります。

着金確認が取れたら、登記書類を受け取った司法書士が登記手続きをします。残金決済は銀行が営業している平日の午前中に行うのが一般的です。次の３つの残金を支払うことで残金決済は終了になります。

❶ 残金などを支払う
❷ 登記費用、司法書士への登記手数料を支払う
❸ 仲介手数料を支払う

❶ 残金などの支払い

次の流れで支払い並びに清算をしていきます。

「売買代金から手付金を引いた額を支払う」⇓「売主が預かっている敷金を引き継ぐ」⇓「固定資産税などの清算をする」⇓「管理費、修繕積立金の清算」

固定資産税は引き渡し日（普通は残金日と同じ日）前日までが売主負担、それ以降は買主負担になります。固定資産税はその年のものを売主が納税するのが一般的であり、残金のときに日割り計算をしたものを買主から売主に支払うという形で清算する必要があります。

区分所有マンションの場合は、管理費および修繕積立金の清算をします。

❷ 登記費用、司法書士への登記手数料の支払い

決済日に司法書士が、登記に必要な書類・情報を確認します。司法書士により所有権の移転・抵当権等の抹消等に必要な書類・情報が確認されたあとに残金を支払います。

この時に所有権移転にかかわる登記費用および、司法書士に対する登記手数料を支払います。

❸ 仲介手数料の支払い

残金時に不動産業者に対して仲介手数料、売買代金の３％＋６万円（別途消費税）を支払います。なお契約のときに仲介手数料を半金支払っている場合は、残りの半金を支払うことになります。

2 物件の引き渡し

物件の鍵を受け取ります。必要に応じて管理会社と契約を結びます。

❶ 鍵の所在と受け取りをはっきりする

部屋の鍵を受け取ります。賃借人（入居者）がいる場合にはスペアキーを預かります。管理会社に管理をお願いする場合には、「管理会社が鍵を預かって貸主は預からない」「管理会社および貸主がそれぞれ鍵を保有する」などいろいろなケースがあるので、管理会社と打ちあわせをする必要があります。鍵はとても重要なポイントなので、必ず鍵の所在を明確にしましょう。１番確実なのは貸主、賃借人、管理会社がそれぞれ１本ずつ持つことです。（ただし最近は安全面の観点から、管理会社、貸主ともに鍵を預からないケースも増えています。）

❷ 管理会社との契約

賃料徴収やクレーム処理などを自分で管理しない場合は、管理会社に管理をお願いします。すでに賃借人がついている物件（オーナーチェンジ）などは管理会社をそのまま引き継ぐケースもあります。

❸ 火災保険

残金の支払いと同時に、火災保険にも加入しておきましょう。火災保険は先述したように（59頁参照）、**「建物電気的・機械的事故特約」「地震保険」**のほか、いざというときのために**「事故（自殺）などに対応した保険」**に入るのがいいでしょう。

日本は地震大国ともいわれ、地震による被害も多いです。地震保険に入っていても大地震で建物が倒壊した場合満額が補償されるとはかぎりませんが、かなりのお金が戻ってくるので必ず加入しておきましょう。

ちなみに地震で火災が起きたときは、火災保険ではなくて地震保険の適用になります。ですから地震保険に入っていないと、火災で損傷があっても保険は下りません。そのほか、下表の例のような大家さんの管理責任を問われた場合に対応する、**「施設賠償責任保険」**にも入ることをお勧めします。

● **入っておきたい施設賠償責任保険**

保険の種類	保険でまかなえる事例
水漏れ	給排水管が老朽化しているにもかかわらず、対策を講じないで放置した結果、入居者の家財道具に水漏れ被害を与えた
火災	電気保守点検が不完全で、漏電により死傷者が出てしまった場合、大家さんに管理責任があるとされた
第三者の傷害	壁が崩落し、タイルが通行人にあたり大ケガをした

「借地権つきマンション」ってどんなマンション？

借地権つきマンションは、「**土地が所有権ではなくて借地権であるマンション**」のことです。借地権つきマンションのメリット、デメリットをまとめると次のようになります。

メリット

❶ **土地が借地権なので、所有権マンションよりも価格が安い**
❷ **土地の固定資産税、都市計画税がかからない**
❸ **土地の取得に係る税金がかからない**

デメリット

❶ **地代が毎月発生する**
❷ **借地契約期間が満了し、更新する場合には「更新料」がかかる場合がある**
❸ **売却する場合には「名義書き換え料」を支払う場合がある**

旧借地法による借地権の場合は（旧借地法によるマンションが多い）、地主に「正当事由」がないかぎり更新されます。旧借地法では、「土地所有者が自ら土地を使用することを必要とする場合その他の正当事由」と規定しています（借地法４条１項）。条文は難しいので簡単にいってしまうと、「**建物が朽廃する以外は所有し続けられる**」と考えて問題ありません。たとえば60年経って、建物の建て替えの時期が来たときに借地契約も終了するというのは、所有権のマンションのように建て替えでもめることもなく、かえってすっきりしていいのではないかと思います。所有権のマンションに比べると、一般に価格が２～３割安くなるので、投資用として考えた場合は利回りも高くなります。

そのほか借地権には「**定期借地権**」というのがあります。定期借地権は「**50年以上の期間で、その後は更新されない**」借地権です。契約期間が経過すると、建物（マンション）を解体し、土地を更地にして地主に返すことになります。その分所有権に比べて価格が安くなります。

Study 4

全国で深刻化しているサブリースの問題。サブリースはしないほうがいい？

サブリースというのは、貸主に代わって不動産会社が賃貸物件を借り上げて、第三者に転貸するシステムのことです。一般に募集する賃料の 80 ～ 90%で借り上げますが、不動産会社も利益を出さなければならないので、空室が続くとサブリース賃料を下げられるような契約になっていることが多くあります。

基本的にサブリースは、新築のアパートや 1 棟のマンションが対象となりますが、新築の区分所有マンションでも売却しやすいようにサブリースつきで販売する場合が多くあります。サブリースで焦げついてしまうパターンは次のとおりです。

空室が続く
⇒ **不動産会社がサブリース賃料を下げる**
⇒ **貸主に入ってくる賃料が減りローンを返せなくなる**

以上のことを考えると、わざわざサブリースにして借り上げてもらわなくても、市場価格の 80 ～ 90%の割安価格で貸し出せば、すぐに入居者が決まるといえます。

違反建築の物件は購入しても大丈夫なのか

1 階の駐車場部分を改造して事務所にしているビルをよく見かけます。この場合、容積率オーバーになっている可能性が高かったり、条例で駐車場の付置義務がある地域では、付置義務を守っていないことになります。最近は、こういった違反建築物件への融資はほとんど行われなくなっているため、銀行の融資を受けることはまず無理です。違法建築の不動産物件は売却しにくいこともあるので、購入しないほうがいいでしょう。

Study 5

相場よりかなり格安の中古の物件を見つけたけれど、次のような記載が……。具体的にはどのような状態のもので、どのようなリスクがあるのか

❶ 契約不適合責任免責となります

契約不適合（たとえばシロアリなど）があった場合、契約後も一定期間は修補などの責任を負います。でも「契約不適合責任は負いません」＝「契約不適合責任免責特約」は有効で、このような特約があると、売主に責任を追及できないので、初心者は避けたほうがいい不動産物件です。

❷ ローンがご利用になれません

「ローンが利用できない」というのは、検査済証がない、もしくは違法建築をしているため、銀行が融資してくれないケースが考えられます。今は銀行のコンプライアンスが厳しく、検査済証のない建物の融資は難しいので、初心者は避けたほうがいい不動産物件です。

❸ 引き渡し時に測量はいたしません

１棟の建物の契約のときには、測量図を買主に渡します。測量図がない場合には、売主が土地家屋調査士などに頼んで測量する必要があります。測量することによって、隣地との境界線がはっきりし、越境の有無などがわかります（エアコンの室外機等がこちらの土地にはみ出している、もしくは隣の土地にはみ出していることがあります）。

「引き渡し時に測量はしません」というのは、今回の契約では、測量をしないで現況引き渡しにするという意味です。初心者は避けたほうがいい不動産物件です。

❶❷❸どれを取っても、買主には上記のようなリスクがあるので、価格が相場よりかなり安めになっていても、初心者は手を出さないほうがいいでしょう。

マンション内で自殺や事件が起きた場合、違う部屋の価格に影響はあるのか

影響の大きさは、次の４点によります。

❶ 都心か地方か　❷ マンションの規模　❸ 事故物件との位置関係　❹ 事故の原因

都心よりもマンションの数の少ない地方のほうが影響は大きくなります。大規模マンションの場合は、多かれ少なかれ何らかの事故はあるのが普通です。ただし事故物件の部屋の上、下、両隣の部屋はどうしても影響が出ます。また、事故の原因が一家殺人などインパクトが強いものだと、マンション自体の評価に影響が出る可能性も考えられます。

6時限目

将来的に安定した運用を目指すために、今からしておくこと

① 資金管理
② シミュレーション

将来的に不動産投資で安定した運用を続けるためのポイントは、上の2つです。

01 投資で1番大切なのは「資金管理」

不動産投資にかぎらず、株やFXといった「**投資をしている人に必ず必要なのが、この〝資金管理〟**」です。**Excel**で簡単な資金管理表をつくっておいて、月に1度しっかりと入出金の把握をする必要があります。

これらの資金管理表は、管理を委託している場合には管理会社が作成してくれることもあります。その場合には、資金管理表にちゃんと目を通して理解しておくか、自分のわかりやすいようにつくり直すようにしましょう。

1 レントロール（賃貸借条件の一覧表）をつくって、不動産物件を管理する

まずは、部屋番号、契約者、契約期間、賃料、敷金などを一覧表にして、次頁下表のようなレントロールをつくっておくと、契約終了日など大切なことがひと目でわかります。

区分所有マンションの場合、各戸の所有者は毎月「管理費」と「修繕積立金」を負担します

（今回選んだマンションの場合、月額管理費：3500円、月額修繕積立金：4000円）。

賃貸で貸す場合の募集表記は、「**共益費込**」にしたり「共益費5000円」を別にするなど物件によって違いますが、「**入居者は、その部屋が高いか安いかを、賃料と共益費を足した総額で判断する**」ので、募集の際には注意が必要です。

レントロールをつくっておけば、更新日も逃さない！

レントロールをチェックして更新が近づいているのがわかれば、同じマンション内の違う部屋や周辺の賃料相場を調べて、賃料をアップするかどうかを想定しておくことができます。

管理会社が更新手続きを忘れるということはないと思いますが、更新が近づいても何も

● 今回選んだマンションの概要

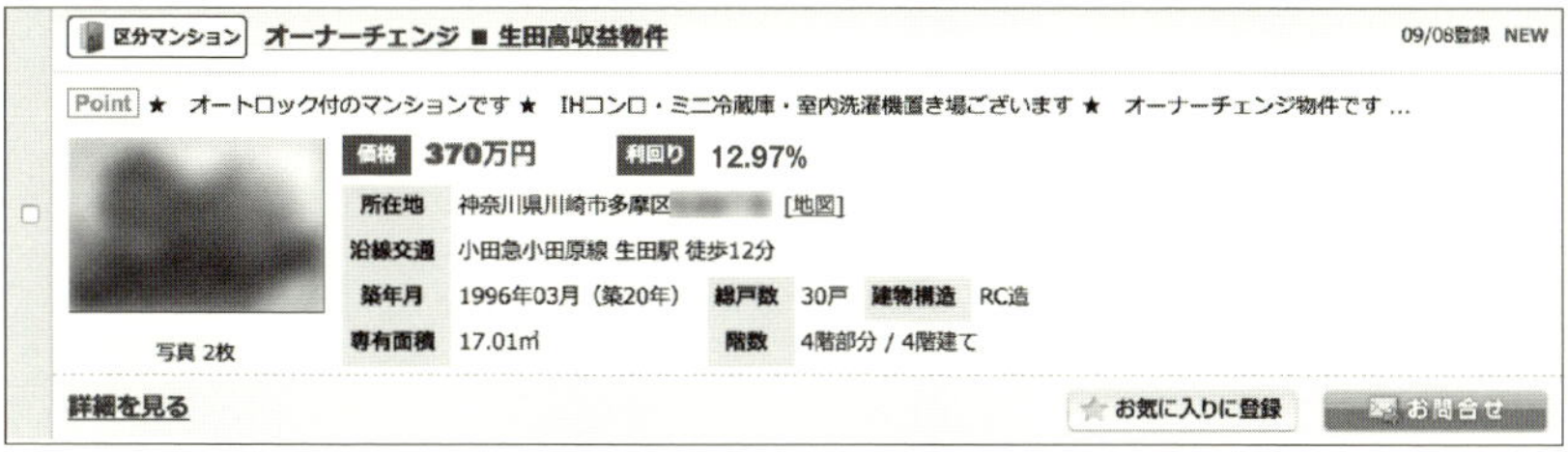

・購入金額：370万円　・月額賃料：4万円
・月額管理費：3,500円　・月額修繕積立金：4,000円

● レントロールサンプル

物件名：レジデンス生田の森　403

現契約開始日	現契約終了日	間取り	面積	契約名義
H27.11.1	H29.10.30	1K	17.01㎡	田中真由美
保証人（または保証会社）	**更新料**	**賃　料**	**共益費**	**敷　金**
田中角造	新賃料1カ月	4万円	込	4万円

連絡が来ない場合には、こちらから「更新はどうなっているのですか？」と催促できたり、「同じマンション内で同じ間取りの賃料と比べるとかなり安めなので、更新時に1000円上げてみたいと思うけどどう思いますか？」とこちらから提案することもできます。

入居者が長く住んでいる場合は部屋の中がかなり汚れている可能性があります。更新時に入居者にお礼の手紙とともに、「お部屋のクリーニングサービス」などをプレゼントしてみるのはいかがでしょうか？

2 「収支明細表」で月の収支を把握する

毎月の入居者から入る賃料収入および管理会社に支払うPMフィーなどの支出の明細を記入して、最後に収入の合計から支出の合計を引いて、月の手取り金額を書きます。

毎月の収支がどうなっているか、しっかり把握しておきましょう。

3 「年間の収支表」で年間の収支を把握する

毎月の収支明細表に基づき年間の収支表を作成します。

年間の支出の明細には、月間の支出明細になかった「固定資産税」「都市計画税」などの税額と「火災保険料」「地震保険料」の保険料を記載します。

● 収支明細表サンプル

収入明細	
5月分賃料	40,000
共益費	込
賃料収入合計	**40,000**
支出明細	
PMフィー	2,000
管理費	3,500
修繕積立金	4,000
支出合計	**9,500**
収支合計（月次）	
収入 － 支出	**30,500**

- 月額賃料
- 共益費をもらっている場合には共益費
- 賃料の5%（PMフィー）。管理を委託している場合には管理会社に支払う手数料
- マンションの管理費
- マンションの修繕積立金
- 賃料収入合計 － 支出合計

● 年間の収支表サンプル

収入明細	
20〇〇年賃料収入合計	480,000
共益費合計	0
賃料収入合計	**480,000**
支出明細	
PMフィー	24,000
管理費	42,000
修繕積立金	48,000
固定資産税、都市計画税	20,000
保険料	10,000
空室率	24,000
支出合計	**168,000**
収支合計（年次）	
収入 － 支出	**312,000**

- 1年間の月額賃料の合計
- 共益費をもらっている場合には、1年間の共益費の合計
- 賃料の5%（PMフィー）。管理を委託している場合には、1年間の管理会社に支払う手数料の合計
- 1年間のマンションの管理費の合計
- 1年間のマンションの修繕積立金の合計
- マンションにかかる税金の合計
- 地震保険も含む（保険料）
- 空室率は5%で計算
- 1年間の（賃料収入 － 支出）の合計

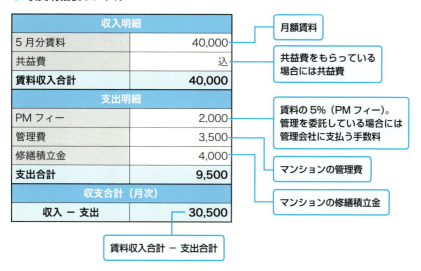

この収支表を作成しておくことで次のような活用法が考えられます。「PMフィーは、現在は賃料の5%、年間2万4000円支払っているけれど、ほかに3%でやってくれる業者さんはいないか」「保険料が少し高いので、長期年払いにして割引の適用を受けよう」「部屋に付加価値をつけて更新時に賃料をアップしよう」「今度空室になったら、部屋の修繕は、クリーニング業者2社に相見積もりを取って経費を削減しよう」といったアイデアが浮かんできます。また年間の純収益を把握しておけば、5年後に売却しようか迷った場合でも一発で5年間分の純収益がわかるので、売却のタイミグを逃すこともありません。

「**自分が所有している不動産の収益を把握することは、勝ち組大家さんになるために大切なこと**」です。

5年後にこのマンションを売却しようと考えたときをシミュレーションしてみる

いくらで売却できるなら売ったほうが得なのでしょうか。また、5年間維持してきて事業として成功だったといえるのでしょうか?

5年間の純収益は、収入、支出が変わらず空室率が5%以下の場合は、年間の収支表(前頁)から次のようになります。

31万2000円 × 5年間 = 156万円

購入金額が370万円だったので、214万円（370万円−156万円）以上で売却できれば、5年間のトータルでプラスになります（ここでは所得税、住民税などの税金は考慮していません）。もし5年後にどうしても売却しなければならない理由ができたときに、おおよそ214万円以上で売れるのなら事業としては成功だったという判断が、この収支表を見ることですぐにわかります。

区分所有マンションの場合は経費を削減できるポイントが少ないですが、収支表をもとにぜひ作戦を立ててみてください。まずは区分所有マンション1戸で練習することで、将来1棟のアパートやマンションを購入したときも同じように資金管理がスムーズにでき、その後のキャッシュフローにも大きく差が出てきます。

1棟のアパートなどの場合は、計画的に修繕金を積み立てたり、修繕計画を立てる必要があります。また頼む業者によって費用に大きな差が出てくるので、コスト管理も必要です。「**投資をはじめたときから資金管理をしていれば、資産が増えたときも慌てることなくスムーズに資産管理ができ、余計なコストをかけないで効率的な運用ができる**」のです。

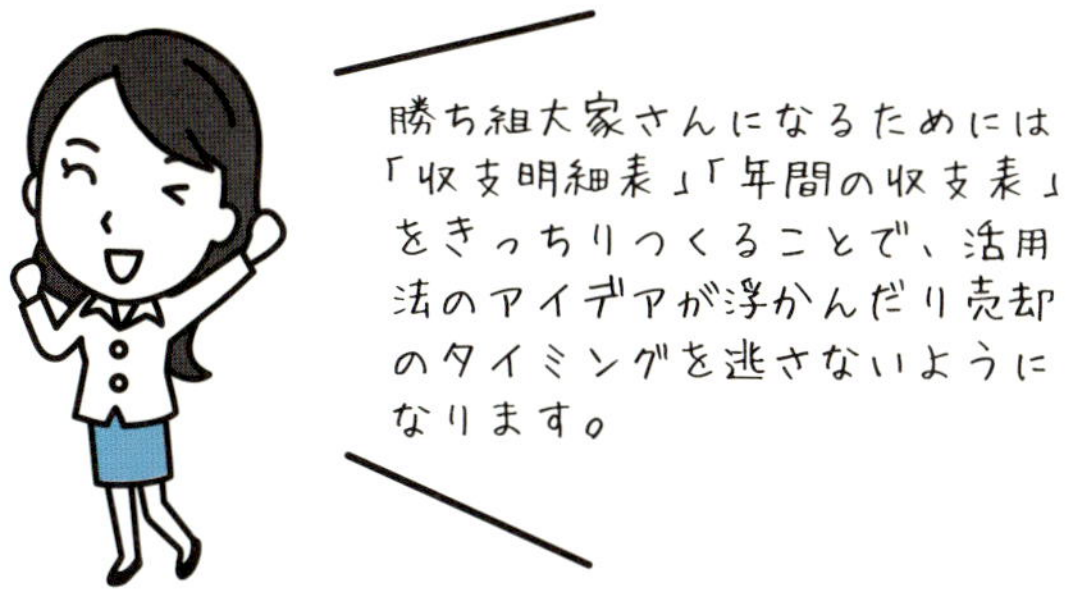
勝ち組大家さんになるためには
「収支明細表」「年間の収支表」
をきっちりつくることで、活用
法のアイデアが浮かんだり売却
のタイミングを逃さないように
なります。

02 シミュレーションをすることで利益を把握する

4時限目04（166頁参照）ですでにお話ししたように、購入するかどうかの判断を助けてくれるのが「シミュレーション」です。シミュレーションが甘すぎると、ローンを組んだ場合には購入したあとで赤字が続いて持ち出しになってしまったり、最悪の場合はローンが支払えずに任意売却または競売ということにもなりかねません。また現金で購入した場合なら、手元にまったく現金が残らないといったことが起きてしまいます。

次々頁の下表のようなシミュレーション表をExcelなどで作成しておくことで、今後どれくらいの利益が得られるかがひと目でわかります。

1 現金で購入した場合のシミュレーション

まずは物件の価格と購入にかかわる費用（ざっくり10％）を入力します（次頁下表）。次に、管理費、修繕積立金、固定資産税などの税金を足した費用の合計を計算します。

この物件の場合、次のようになります。

管理費：3500円×12カ月＝4万2000円
修繕積立金：4000円×12カ月＝4万8000円
固定資産税＋都市計画税の合計：2万円程度
PMフィー：48万円×5％＝2万4000円（年間賃料の5％）
保険料：1万円
空室率：48万円×5％＝2万4000円（年間賃料の5％）
計16万8000円

※固定資産税、都市計画税は想定です。空室率は一般的に5％で計算します。
※PMフィーは賃貸管理（家賃徴収業務、クレーム管理など）をお願いしている不動産会社に支払う手数料です。

この場合の「**経費率**」（**年間収入に対する年間費用の割合「年間費用÷年間収入」**）は、16万8000円÷48万円＝35％となります。ではこの物件を15年間運用した場合の税引き前純収益を表

● **現金で購入した場合の不動産物件の価格と購入にかかる費用**

物件価格	370万円	
手数料など	37万円	物件価格の10％※
購入総額	407万円	
賃料（月額）	4万円	
表面利回り	12.97％	賃料（月額）×12÷不動産物件価格
手数料などを考慮した表面利回り	11.79％	賃料（月額）×12÷購入総額

※額の小さな区分所有マンションの場合の購入にかかる費用は、管理費、修繕積立金、固定資産税などが1棟のアパートに比べると割高になるため、10％程度になる場合が多い。

にまとめてみると、次頁の表のようになります。ちなみに、11年目になると建物が古くなったり、景気の問題などで賃料が下がることもあるので、シミュレーションする際には、安全策を取って賃料が3％下がるもの（変動率マイナス3％）として計算しておきます。「**変動率**」というのは、賃料がどれくらい変動したか（賃料が上がったのか、下がったのか）を表す率です。1年目の不動産収入が48万円ですから、11年目以降の不動産収入は「48万円 －（48万円 × 3％）＝46万5600円」となります。

購入後14年目に物件価格に手数料を含めた総額407万円は全額回収できることがわかります。その後は利益だけになるので、そのまま持ち続けていてもいいし、売却しても利益が残るので、この投

15年間運用した場合の税引き前純収益

期間	不動産収入	変動率	不動産支出	経費率	不動産収支（収入 － 支出）	毎年の税引き前純収益の合計
1年目	48万円	0%	16万8,000円	35%	31万2,000円	31万2,000円
2年目	48万円	0%	16万8,000円	35%	31万2,000円	62万4,000円
3年目	48万円	0%	16万8,000円	35%	31万2,000円	93万6,000円
4年目	48万円	0%	16万8,000円	35%	31万2,000円	124万8,000円
5年目	48万円	0%	16万8,000円	35%	31万2,000円	156万円
6年目	48万円	0%	16万8,000円	35%	31万2,000円	187万2,000円
7年目	48万円	0%	16万8,000円	35%	31万2,000円	218万4,000円
8年目	48万円	0%	16万8,000円	35%	31万2,000円	249万6,000円
9年目	48万円	0%	16万8,000円	35%	31万2,000円	280万8,000円
10年目	48万円	0%	16万8,000円	35%	31万2,000円	312万円
11年目	46万5,600円	–3%	16万6,560円	35.77%	29万9,040円	341万9,040円
12年目	46万5,600円	0%	16万6,560円	35.77%	29万9,040円	371万8,080円
13年目	46万5,600円	0%	16万6,560円	35.77%	29万9,040円	401万7,120円
14年目	46万5,600円	0%	16万6,560円	35.77%	29万9,040円	431万6,160円
15年目	46万5,600円	0%	16万6,560円	35.77%	29万9,040円	461万5,200円
合計	**712万8,000円**		**251万2,800円**		**461万5,200円**	

資は成功だったといえます。

2 一部ローンで購入した場合のシミュレーション

今度は同じ物件を自己資金100万円、ローンを270万円組んだ（金利：2・5%、返済期間：15年）とした場合のシミュレーションをしてみます。契約にかかわる手数料など（37万円）は現金で支払うものとします。

下表と次頁の下表は、返済額を引

● ローンの概要

ローン総額	270 万円
金 利（当初）	2.5%
年 数	15 年

※ ローンは年利で計算しています。

● 15年間で返済するプランの借入金残高と返済余裕率の求め方

期間	利率	借入金残高（期末）	返済額		
			元利返済額	うち元本返済分	うち利息返済分
契約時	2.5%	270 万円	–	–	–
1 年目	2.5%	254 万 9,431 円	21 万 8,069 円	15 万 569 円	6 万 7,500 円
2 年目	2.5%	239 万 5,097 円	21 万 8,069 円	15 万 4,334 円	6 万 3,736 円
3 年目	2.5%	223 万 6,905 円	21 万 8,069 円	15 万 8,192 円	5 万 9,877 円
4 年目	2.5%	207 万 4,758 円	21 万 8,069 円	16 万 2,147 円	5 万 5,923 円
5 年目	2.5%	190 万 8,558 円	21 万 8,069 円	16 万 6,200 円	5 万 1,869 円
6 年目	2.5%	173 万 8,202 円	21 万 8,069 円	17 万 355 円	4 万 7,714 円
7 年目	2.5%	156 万 3,588 円	21 万 8,069 円	17 万 4,614 円	4 万 3,455 円
8 年目	2.5%	138 万 4,608 円	21 万 8,069 円	17 万 8,980 円	3 万 9,090 円
9 年目	2.5%	120 万 1,154 円	21 万 8,069 円	18 万 3,454 円	3 万 4,615 円
10 年目	2.5%	101 万 3,113 円	21 万 8,069 円	18 万 8,041 円	3 万 29 円
11 年目	2.5%	82 万 372 円	21 万 8,069 円	19 万 2,742 円	2 万 5,328 円
12 年目	2.5%	62 万 2,811 円	21 万 8,069 円	19 万 7,560 円	2 万 509 円
13 年目	2.5%	42 万 312 円	21 万 8,069 円	20 万 2,499 円	1 万 5,570 円
14 年目	2.5%	21 万 2,751 円	21 万 8,069 円	20 万 7,562 円	1 万 508 円
15 年目	2.5%	0 円	21 万 8,069 円	21 万 2,751 円	5,319 円
合 計			**327 万 1,041 円**	**270 万円**	**57 万 1,041 円**

（次頁に続く）

いた税引き前キャッシュフローまでを計算したものです。実際の手取り額はここから所得税と住民税が引かれます。

「**返済余裕率は、毎年の純収益が元利返済額に対してどの程度余裕があるかを見る指標**」です。

たとえば1年目の返済余裕率の求め方は、不動産収入48万円から不動産支出16万8000円を引いた額31万2000円（不動産収支）を、元利返済額21万8069円で割った1・43となります。

1・0なら純収益と返済額が同じ状態ということです。「**一般的には1・2以上ないと銀行も融資をしてくれない**」ようです。この物件の場合、返済余裕率は1・37〜

● 15年間で返済するプランの借入金残高と返済余裕率の求め方（続き）

期間	不動産収入	変動率	不動産支出	経費率	不動産収支	返済余裕率	税引前キャッシュフロー	月額
契約時	48万円	−	16万8,000円	35%	31万2,000円	−	−	−
1年目	48万円	0%	16万8,000円	35%	31万2,000円	1.43	9万3,931円	7,828円
2年目	48万円	0%	16万8,000円	35%	31万2,000円	1.43	9万3,931円	7,828円
3年目	48万円	0%	16万8,000円	35%	31万2,000円	1.43	9万3,931円	7,828円
4年目	48万円	0%	16万8,000円	35%	31万2,000円	1.43	9万3,931円	7,828円
5年目	48万円	0%	16万8,000円	35%	31万2,000円	1.43	9万3,931円	7,828円
6年目	48万円	0%	16万8,000円	35%	31万2,000円	1.43	9万3,931円	7,828円
7年目	48万円	0%	16万8,000円	35%	31万2,000円	1.43	9万3,931円	7,828円
8年目	48万円	0%	16万8,000円	35%	31万2,000円	1.43	9万3,931円	7,828円
9年目	48万円	0%	16万8,000円	35%	31万2,000円	1.43	9万3,931円	7,828円
10年目	48万円	0%	16万8,000円	35%	31万2,000円	1.43	9万3,931円	7,828円
11年目	46万5,600円	−3%	16万6,560円	35.77%	29万9,040円	1.37	8万,971円	6,748円
12年目	46万5,600円	0%	16万6,560円	35.77%	29万9,040円	1.37	8万,971円	6,748円
13年目	46万5,600円	0%	16万6,560円	35.77%	29万9,040円	1.37	8万,971円	6,748円
14年目	46万5,600円	0%	16万6,560円	35.77%	29万9,040円	1.37	8万,971円	6,748円
15年目	46万5,600円	0%	16万6,560円	35.77%	29万9,040円	1.37	8万,971円	6,748円
合計	**712万8,000円**		**251万2,800円**		**461万5,200円**	**1.41**	**134万4,159円**	**7,468円**

1・43（平均1・41）ですから、1・2以上あるので銀行の融資も可能なことがわかります。ただし金融機関によっては区分所有マンションには融資をしない、融資をしても1000万円以上の物件にかぎるというところもあります。

このように実際にシミュレーションをしてみると、この投資はするべきかやめるべきかがすぐにわかります。シミュレーションは、不動産物件を購入するかどうかを判断するときに必要なものです。読者特典として、不動産物件のシミュレーションが**Excel**でできる「**不動産投資成功シート**」をダウンロードできるようにしてあるので、ぜひ活用してください。

「**シミュレーションを制する者が不動産投資を制する**」といっても過言ではありません。

読者特典無料ダウンロード「不動産投資成功シート」
(http://www.asaibook.com/)

3 自分でシミュレーションすることが成功大家さんへの道

シミュレーションは、まずはじめに標準的な数字を入れて判断しますが、さらに悲観的なシナリオに基づいたシミュレーションをしておく必要があります。将来賃料がもっと下がったり、経費の割合が上がったりすることも考えられるからです。たとえば空室が続いたり、管理費、修繕積立金が上がったり、入居者が入れ替わったときのリフォーム代金がかさむ場合もあります。このような場合にも耐えられるかどうかシミュレーションしておくことが成功する大家さんになるために大切なことです。

たとえば、次のようなシナリオに基づいて計算しておきます。

- **経費率が5年ごとに2％上がると想定**
- **変動率が5年ごとに3％下がると想定**

手取り収入は低くなりますが、15年間ずっと返済余裕率が1・2を超えているため、大丈夫だとい

賃料が下がって経費が上がったときのシミュレーション

期間	不動産収入	変動率	不動産支出	経費率	不動産収支	元利返済額	返済余裕率	税引前キャッシュフロー	月額
契約時	48万円	–	16万8,000円	35%	31万2,000円	–	–	–	–
1年目	48万円	0%	16万8,000円	35%	31万2,000円	21万8,069円	1.43	9万3,931円	7,828円
2年目	48万円	0%	16万8,000円	35%	31万2,000円	21万8,069円	1.43	9万3,931円	7,828円
3年目	48万円	0%	16万8,000円	35%	31万2,000円	21万8,069円	1.43	9万3,931円	7,828円
4年目	48万円	0%	16万8,000円	35%	31万2,000円	21万8,069円	1.43	9万3,931円	7,828円
5年目	48万円	0%	16万8,000円	35%	31万2,000円	21万8,069円	1.43	9万3,931円	7,828円
6年目	46万5,600円	−3%	17万2,272円	37%	29万3,328円	21万8,069円	1.35	7万5,259円	6,272円
7年目	46万5,600円	0%	17万2,272円	37%	29万3,328円	21万8,069円	1.35	7万5,259円	6,272円
8年目	46万5,600円	0%	17万2,272円	37%	29万3,328円	21万8,069円	1.35	7万5,259円	6,272円
9年目	46万5,600円	0%	17万2,272円	37%	29万3,328円	21万8,069円	1.35	7万5,259円	6,272円
10年目	46万5,600円	0%	17万2,272円	37%	29万3,328円	21万8,069円	1.35	7万5,259円	6,272円
11年目	45万1,632円	−3%	17万6,136円	39%	27万5,496円	21万8,069円	1.26	5万7,427円	4,786円
12年目	45万1,632円	0%	17万6,136円	39%	27万5,496円	21万8,069円	1.26	5万7,427円	4,786円
13年目	45万1,632円	0%	17万6,136円	39%	27万5,496円	21万8,069円	1.26	5万7,427円	4,786円
14年目	45万1,632円	0%	17万6,136円	39%	27万5,496円	21万8,069円	1.26	5万7,427円	4,786円
15年目	45万1,632円	0%	17万6,136円	39%	27万5,496円	21万8,069円	1.26	5万7,427円	4,786円
合計（または平均）	**698万6,160円**		**258万2,040円**		**440万4,120円**	**327万1,035円**	**1.35**	**113万3,085円**	**6,295円**

うことがわかります。標準的なシナリオのほかに、悲観的なシナリオの数字も入れて判断することが重要です。人間はつい楽観的な考え方をしがちだからです。

また自分がどれくらいリスクを取れるかも人それぞれ違います。自分のリスク許容度に応じて購入の判断をしてください。

なお、今回の場合のように悲観シナリオに沿ってシミュレーションをしても返済余裕率が1・2を超えたのは、表面利回りが12％以上あったからです。表面利回り12％というのは悲観シナリオでシミュレーションしてもほぼ大丈夫な利回りなのです。将来の売り時を考えるうえで、「**悲観的なシナリオに沿った場合には、賃料収益をそこそこ取ったら、売却益が出る段階で早々に売却することもひとつの手**」です。

不動産会社で同じようなシミュレーションをしてくれるところもありますが、超楽観的なシナリオである場合が多いです。経費の額が小さすぎたり、賃料がずっと据え置きだったり、空室を考慮していません。「**自分で着実にシミュレーションすることが勝ち組大家さんになるには避けられない道**」だと思ってください。

できるかぎり厳しくシミュレーションしてみて、それでも大丈夫という確信を持てれば、その不動産物件で失敗する確率はかなり低いはずです！

03 1Kからはじめた不動産投資の将来を見据えた戦略の立て方

はじめて不動産投資をする人は、「まずは1Kの区分所有マンションを現金購入しましょう」と何度も述べてきました。では、その次はどうしたらいいのでしょうか？　そして、またその次はどんな不動産を購入すればいいのでしょうか。そのときに現金で買うのがいいのか、それともローンがいいのか、最後に少し考えてみましょう。

1 2戸目からの成功する大家さんへの5ステップ

試行錯誤してやっと購入したひとつ目の区分所有マンション。これでやっと大家さんになれました。ついうれしくて、「次は何を買おうかな」という「**買いたい病**」が発症する人がたくさんいます。でもここが肝心です。成功する大家さんになるためには、あせらず欲張らず、勉強と経験を積みながら、少しずつステップアップしていくことが大切です。

次からは私がお勧めの「2戸目からの成功する大家さんへの5ステップ」をお話しします。

● 成功する大家さんへの5ステップ

- **Step 1** 2戸目も1戸目と似たような1Kマンションを現金で購入する
- **Step 2** 3戸目も1戸目と似たような1Kマンションを現金で購入する
- **Step 3** ついにアパートをローンで購入する
- **Step 4** まだまだ投資を極めたい人は、1棟マンションをローンで挑戦
- **Step α** もうひとつの戦略（いろいろなタイプの区分所有マンションを買い続ける）

Step 1からStep αまで、ゆっくりと時間を何年もかけて、たくさん不動産の勉強と経験を積み、人脈をつくりながら買い市場になったら買い進めていきましょう。

2 Step 1 2戸目も1戸目と似たような1Kを現金で購入する

2戸目も1戸目と似たような条件の不動産物件を購入しましょう。1戸目と少し違う場所を購入するというのもいいと思います。300万～400万円程度の、表面利回りは12％以上の小さな1Kを現金で購入するようにします。

3 Step 2 3戸目も1戸目と似たような1Kを現金で購入する

その次も1戸目、2戸目とほぼ同じような条件のものを購入しましょう。ただし3戸目は省略してもかまいません。つまり一気に Step 3 を目指すのもありです。また3戸目は区分所有マンションではなく、古くて安い戸建住宅を選ぶのもいいです。

ここまでくると、不動産物件を選ぶ目もかなり養われてきていると思います。また大家業をひととおり経験しているので流れもつかめているはずです。不動産物件を1戸しか所有していないと、その1戸の入居者が退出したら空室率は100％になってしまいますが、不動産物件が3戸あれば1戸が空いていてもほかの2戸が稼いでくれるため、収入がゼロになることはありません。

4 Step 3 ついにアパートをローンで購入する

さて Step 3 からはレベルがグーンとアップします。Step 3 は、「1棟のアパートをローンを組み込んで購入してみましょう」というものです。現金で購入できる人はもちろん現金で購入するのがベストですが、すでに3戸（2戸）を現金購入しているので、アパートの空室が出てもマンションの賃料で補えるし、もしマンションも空室になってアパートのローンが支払えなくなったとしても、1Kを売却してローンの支払いにあてることもできます。

5 Step 4 まだまだ投資を極めたい人は、1棟マンションをローンで挑戦

区分所有マンションを2～3戸所有し、アパートも1棟購入し、さらに大家さん業を極めたい人は次のステップとして、マンションの1棟買いに挑戦してみてください。

マンションの1棟買いとなると、いい不動産物件に出会うだけではなく購入する時期も大切になります。1番の買いどきは、最近なら**「リーマンショックが起きたあとの時期」**でした。買い手市場だったため、安くて優良な不動産物件がたくさん市場に出ていました。ただしこういうタイミングはめったにありません。しかもこういう時期はまだまだ下がるのではないかと、怖くてなかなか購入できないものです。

不動産の市場も株や為替の市場と同じように、高いときと安いときのサイクルがあるので、底値の時期に買うのは無理だとしても高値づかみをしないように気をつけましょう。マンションの1棟買いは総額が大きくなるので、失敗すると大きな痛手となります。

あなたの人生を不動産投資をすることでより豊かで充実したものにするためにも、信頼のおける不動産コンサルタントを見つけるとともに慎重にステップアップしていくことが必要です。

6 Step α もうひとつの戦略

Step 2のあとも、引き続き区分所有マンションをローンで購入するのがいいでしょう。Step 3 Step 4の戦略ではとても荷が重いと感じたら、もうひとつの戦略として、

1棟のアパートは総額が大きくなってしまったり、管理を管理会社に委託したとしても、修繕の打ちあわせや日常の掃除の件、ゴミ出しなど、区分所有マンションに比べるとかなりの手間がかかってしまいます。そこでリスク分散と管理の煩わしさから逃れるために、引き続き区分所有マンションをローンで購入するのもひとつの方法です。この場合の注意点は、**「同じような場所で同じような1Kマンションを選ぶのではなく、いろいろなタイプのマンションを組みあわせる」**ことです。1Kだけではなく2DKや3DKのファミリータイプを組みあわせたり、都心や都心から少し離れているけれどニーズがある地域、自分や配偶者の実家の近くなどに分散するようにします。ファミリータイプや都心の不動産物件は利回りが低く金額も高くなりますが、時期を選んで少しでも利回りが高いときに購入します。1棟のアパートが7000万円だとしたら、区分所有マンションだと6戸から場合によっては10戸以上買えてしまいます。いろいろなタイプのマンションを分散して購入したり、定期的に物件を入れ替える（売却してもっといい不動産物件を購入する）ことを検討してもいいでしょう。**「土地を所有することにこだわりがなく、リスク分散と楽な運営をしたいという人は、〝すべて区分所有マンションにする〟」**という選択がお勧めです。

あとがき

ソーテック社の福田清峰編集部長から、「不動産投資の本を書きませんか？」というお誘いを受けてから1年半という時間が経ってしまいました。その間、アベノミクスで盛り上がっていた不動産投資の環境もやや落ち着きを取り戻しつつあるように感じます。

私が本の執筆を快諾したのは、「不動産市場がバブル崩壊後のような落ち込んでいるとき」でも、「アベノミクスや金融緩和で不動産物件の値段が上がり、ローンが借りやすいとき」でも、言うなれば**「どんな市場のときでも通用する不動産投資の本」**が書いてみたいと思ったからです。

私は20年以上不動産の仕事に携わり、アパートの賃貸から、土地の有効利用、店舗、事務所の賃貸、不動産売買、不動産鑑定、不動産コンサルと、今までに計5500件以上の案件をこなしてきました。また、投資初心者の人の相談もたくさん受けてきました。

過去に、危ない物件を購入してしまう寸前に私と出会い、アドバイスを受けることで踏みとどまることができた例も幾度となくあります。そんな事例を目の当たりにする中で、**「世の中の投資の本には不動産のリスクについて、きちんと書いてある本が本当に少ない」**と感じていました。

「リスク」を知ることは、不動産投資を行ううえで1番大切なことでもあります。なぜならリスクを知らないとリスクを回避する方策を立てられないからです。不動産はミドルリスクミドルリターンといわれますが、やりようによってはローリスクハイリターンを得ることも可能なのです。

みなさまがこの本でしっかりと勉強して、幸せな不動産投資家、豊かな大家さんになることを願っています。

浅井佐知子

世界一《せかいいち》やさしい　不動産投資《ふどうさんとうし》の教科書《きょうかしょ》　1年生《ねんせい》

2015年12月15日　初版第1刷発行
2021年10月31日　初版第16刷発行

著　者　浅井佐知子
発行人　柳澤淳一
編集人　久保田賢二
発行所　株式会社　ソーテック社
〒102-0072 東京都千代田区飯田橋4-9-5　スギタビル4F
電話：注文専用　03-3262-5320
FAX：　03-3262-5326
印刷所　図書印刷株式会社

ISBN978-4-8007-2031-3